Historia Universal de la Literatura

CALDERÓN DE LA BARCA

EL ALCALDE DE ZALAMEA

EL GALÁN FANTASMA

EDICIONES ORBIS, S.A. – EDITORIAL ORIGEN, S.A.

Edición de Enrique Rull

Edición cedida por Sociedad General Española de Librería, S.A.

ISBN: 84-7530-281-5
D.L.B. 26059-1983

Compuesto, impreso y encuadernado por
Printer industria gráfica, s.a. Provenza, 388 Barcelona-25
Sant Vicenç dels Horts

Printed in Spain

COMEDIA FAMOSA

EL ALCALDE DE ZALAMEA
[o] EL GARROTE MÁS BIEN DADO

PERSONAS

El REY FELIPE SEGUNDO.
DON LOPE DE FIGUEROA.
DON ÁLVARO DE ATAYDE, capitán.
UN SARGENTO.
SOLDADOS.
REBOLLEDO, y la CHISPA.
PEDRO CRESPO, labrador.
JUAN, hijo de Pedro Crespo.
ISABEL, hija de Pedro Crespo.
INÉS, prima de Isabel.
DON MENDO.
NUÑO, criado.
[UN ESCRIBANO.]
[VILLANOS.]

JORNADA PRIMERA

Salen REBOLLEDO, *la* CHISPA *y soldados.*

REBOLLEDO ¡Cuerpo de Cristo con quien
de esta suerte hace marchar
de un lugar a otro lugar
sin dar un refresco!

TODOS ¡Amén!

REBOLLEDO ¿Somos gitanos aquí,
para andar de esta manera?
¿Una arrollada bandera
nos ha de llevar tras sí
con una caja...

SOLDADO 1.º ¿Ya empiezas?

REBOLLEDO que este rato que calló
nos hizo merced de no
rompernos estas cabezas?

SOLDADO 2.º No muestres de eso pesar,
si ha de olvidarse, imagino,

el cansancio del camino
a la entrada el lugar.

REBOLLEDO ¿A qué entrada, si voy muerto?
Y aunque llegue vivo allá,
sabe mi Dios si será
para alojar; pues es cierto
llegar luego al comisario
los alcaldes a decir,
que si es que se pueden ir,
que darán lo necesario.
Responderles lo primero
que es imposible, que viene
la gente muerta; y, si tiene
el concejo algún dinero,
decir: «Señores soldados,
orden hay que no paremos;
luego al instante marchemos.»
Y nosotros, muy menguados,
a obedecer al instante
orden, que es, en caso tal,
para él orden monacal,
y para mí mendicante.
Pues ¡voto a Dios! que si llego
esta tarde a Zalamea,
y pasar de allí desea
por diligencia o por ruego,
que ha de ser sin mí la ida;
pues no, con desembarazo,
será el primer tornillazo
que habré yo dado en mi vida.

SOLDADO 1.º Tampoco será el primero,
que haya la vida costado
a un miserable soldado;
y más hoy, si considero,
que es el cabo de esta gente
don Lope de Figueroa,
que, si tiene tanta loa

de animoso y de valiente,
la tiene también de ser
el hombre más desalmado,
jurador y renegado
del mundo, y que sabe hacer
justicia del más amigo,
sin fulminar el proceso.

REBOLLEDO ¿Ven vstedes todo eso?,
pues yo haré lo que yo digo.

SOLDADO 2.º ¿De eso un soldado blasona?

REBOLLEDO Por mí muy poco me inquieta;
sino por esa pobreta,
que viene tras la persona.

CHISPA Seor Rebolledo, por mí
vuecé no se aflija, no;
que bien se sabe que yo
barbada el alma nací;
y ese temor me deshonra,
pues no vengo yo a servir
menos, que para sufrir
trabajos con mucha honra;
que para estarme, en rigor,
regalada, no dejara
en mi vida, cosa es clara,
la casa del regidor,
donde todo sobra, pues
al mes mil regalos vienen;
que hay regidores, que tienen
menos regla con el mes;
y pues a venir aquí
a marchar y perecer
con Rebolledo, sin ser
postema, me resolví,
por mí ¿en qué duda o repara?

REBOLLEDO ¡Viven los cielos, que eres
corona de las mujeres!

SOLDADO 2.º Aquesa es verdad bien clara.
¡Viva la Chispa!

REBOLLEDO ¡Reviva!
Y más, si, por divertir
esta fatiga de ir
cuesta abajo y cuesta arriba,
con su voz el aire inquieta
una jácara o canción.

CHISPA Responda a esa petición
citada, la castañeta.

REBOLLEDO Y yo ayudaré también.
Sentencien los camaradas
todas las partes citadas.

SOLDADO 1.º ¡Vive Dios, que han dicho bien!

Cantan REBOLLEDO *y la* CHISPA

CHISPA *«Yo soy tiritiritaina,*
flor de la jacarandana.

REBOLLEDO *Yo soy tiritiritina,*
flor de la jacarandina.

CHISPA *Vaya a la guerra el alférez,*
y embárquese el capitán.

REBOLLEDO *Mate moros quien quisiere;*
que a mí no me han hecho mal.

CHISPA *Vaya y venga la tabla al horno,*
y a mí no me falte pan.

REBOLLEDO *Huéspeda, máteme una gallina;*
que el carnero me hace mal».

SOLDADO 1.º Aguarda; que ya me pesa
(que íbamos entretenidos
en nuestros mismos oídos),
caballeros, de ver esa
torre, pues es necesario,
que donde paremos sea.

REBOLLEDO ¿Es aquélla Zalamea?

CHISPA Dígalo su campanario.
No sienta tanto vusté,
que cese el canticio ya;
mil ocasiones habrá
en que logralle; porque
esto me divierte tanto,
que como de otras no ignoran,
que a cada cosica lloran,
yo a cada cosica canto,
y oirá ucé jácaras ciento.

REBOLLEDO Hagamos aquí alto, pues
justo, hasta que venga, es,
con la orden el sargento,
por si hemos de entrar marchando
o en tropas.

SOLDADO 1.º Él solo es quien
llega ahora. Mas también
el capitán esperando
está.

Sale el CAPITÁN *y el* SARGENTO.

CAPITÁN Señores soldados,
albricias puedo pedir;
de aquí no hemos de salir,

y hemos de estar alojados,
hasta que don Lope venga
con la gente, que quedó
en Llerena; que hoy llegó
orden de que se prevenga
toda, y no salga de aquí
a Guadalupe, hasta que
junto todo el tercio esté,
y él vendrá luego; y así
del cansancio bien podrán
descansar algunos días.

REBOLLEDO Albricias pedir podías.

TODOS ¡Vítor nuestro capitán!

CAPITÁN Ya está hecho el alojamiento.
El comisario irá dando
boletas, como llegando
fueren.

CHISPA Hoy saber intento,
por qué dijo, voto a tal,
aquella jacarandina:
«Huéspeda, máteme una gallina;
que el carnero me hace mal.»

Vanse todos, y quede el CAPITÁN *y* SARGENTO.

CAPITÁN Señor sargento, ¿ha guardado
las boletas para mí,
que me tocan?

SARGENTO Señor, sí.

CAPITÁN Y ¿dónde estoy alojado?

SARGENTO En la casa de un villano,
que el hombre más rico es

del lugar, de quien después
he oído, que es el más vano
hombre del mundo, y que tiene
más pompa y más presunción,
que un infante de León.

Capitán
Bien a un villano, conviene,
rico, aquesa vanidad.

Sargento
Dicen, que esta es la mejor
casa del lugar, señor;
y si va a decir verdad,
yo la escogí para ti,
no tanto porque lo sea,
como porque en Zalamea
no hay tan bella mujer...

Capitán
Di.

Sargento
como una hija suya.

Capitán
Pues
¿por muy hermosa y muy vana
será más que una villana
con malas manos y pies?

Sargento
¡Que haya en el mundo quien diga
eso!

Capitán
¿Pues no, mentecato?

Sargento
¿Hay más bien gastado rato
—a quien amor no le obliga,
sino ociosidad no más—
que el de una villana, y ver,
que no acierta a responder
a propósito jamás?

Capitán
Cosa es que [en] toda mi vida,

ni aun de paso, me agradó;
porque en no mirando yo
aseada y bien prendida
una mujer, me parece
que no es mujer para mí.

SARGENTO
Pues para mí, señor, sí,
cualquiera que se me ofrece.
Vamos allá; que por Dios,
que me pienso entretener
con ella.

CAPITÁN
Quieres saber
¿cuál dice bien de los dos?
El que una belleza adora,
dijo, viendo a la que amó:
«Aquella es mi dama»; y no:
«Aquella es mi labradora.»
Luego si dama se llama
la que se ama, claro es ya,
que en una villana está
vendido el nombre de dama.
Mas ¿qué ruido es ese?

SARGENTO
Un hombre,
que de un flaco rocinante
a la vuelta de esa esquina
se apeó, y en rostro y talle
parece aquel Don Quijote,
de quien Miguel de Cervantes
escribió las aventuras.

CAPITÁN
¡Qué figura tan notable!

SARGENTO
Vamos, señor; que ya es hora.

CAPITÁN
Lléveme el sargento antes
a la posada la ropa,
y vuelva luego a avisarme.
Vanse

Sale MENDO, *hidalgo de figura**, *y un criado.*

MENDO ¿Cómo va el rucio?

NUÑO Rodado,
pues no puede menearse.

MENDO ¿Dijiste al lacayo, di,
que un rato le pasease?

NUÑO ¡Qué lindo pienso!

MENDO No hay cosa,
que tanto a un bruto descanse.

NUÑO Aténgome a la cebada.

MENDO ¿Y que a los galgos no aten,
dijiste?

NUÑO Ellos se holgarán,
mas no el carnicero.

MENDO Baste;
y pues que han dado las tres,
cálzome palillo y guantes.

NUÑO ¿Si te prenden el palillo
por palillo falso?

MENDO Si alguien,
que no he comido un faisán,
dentro de sí imaginare,
que allá dentro de sí miente,
aquí y en cualquiera parte
lo sustentaré.

NUÑO ¿Mejor
no sería sustentarme

a mí, que al otro, que en fin
te sirvo?

MENDO ¡Qué necedades!
En efeto ¿que han entrado
soldados aquesta tarde
en el pueblo?

NUÑO Sí, señor.

MENDO Lástima da el villanaje
con los huéspedes que espera.

NUÑO Más lástima da y más grande
con lo[s] que no espera...

MENDO ¿Quién?

NUÑO La hidalguez, y no te espante;
que, si no alojan, señor,
en cas de hidalgos a nadie,
¿por qué piensas que es?

MENDO ¿Por qué?

NUÑO Porque no se mueran de hambre.

MENDO En buen descanso esté el alma
de mi buen señor y padre,
pues en fin me dejó una
ejecutoria tan grande,
pintada de oro y azul,
exempción de mi linaje.

NUÑO Tomáramos que dejara
un poco del oro aparte.

MENDO Aunque, si reparo en ello,
y si va a decir verdades,

no tengo que agradecerle
de que hidalgo me engendrase;
porque yo no me dejara
engendrar, aunque él porfiase,
sino fuera de un hidalgo,
en el vientre de mi madre.

NUÑO Fuera de saber difícil.

MENDO No fuera, sino muy fácil.

NUÑO ¿Cómo, señor?

MENDO Tú en efeto
filosofía no sabes,
y así ignoras los principios.

NUÑO Sí, mi señor, y aun los antes
y postres, desde que como
contigo; y es, que al instante
mesa divina es tu mesa,
sin medios, postres ni antes.

MENDO Yo no digo esos principios.
Has de saber, que el que nace
sustancia es del alimento,
que antes comieron sus padres...

NUÑO ¿Luego tus padres comieron?
Esa maña no heredaste.

MENDO Esto después se convierte
en su propria carne y sangre;
luego si hubiera comido
el mío cebolla, al instante
me hubiera dado el olor,
y hubiera dicho yo: «Tate,
que no me está bien hacerme
de excremento semejante.»

NUÑO
Ahora digo, que es verdad.

MENDO
¿Qué?

NUÑO
Que adelgaza la hambre
los ingenios.

MENDO
Majadero,
¿téngola yo?

NUÑO
No te enfades;
que, si no la tienes, puedes
tenerla; pues de la tarde
son ya las tres, y no hay greda,
que mejor las manchas saque
que tu saliva y la mía.

MENDO
Pues ¿esa es causa bastante
para tener hambre yo?
Tengan hambre los gañanes;
que no somos todos unos;
que a un hidalgo no le hace
falta el comer...

NUÑO
¡Oh, quién fuera
hidalgo!

MENDO
Y más no me hables
de esto, pues ya de Isabel
vamos entrando en la calle.

NUÑO
¿Por qué, si de Isabel eres
tan firme y rendido amante,
a su padre no la pides?
Pues con esto tú y su padre
remediaréis de una vez
entrambas necesidades;
tú comerás, y él hará
hidalgos sus nietos.

MENDO No hables
más [Nuño], calla. ¿Dineros
tanto habían de postrarme,
que a un hombre llano por fuerza
había de admitir?

NUÑO Pues antes
pensé, que ser hombre llano
para suegro era importante;
pues de otros dicen, que son
tropezones, en que caen
los yernos; y si no has
de casarte, ¿por qué haces
tantos extremos de amor?

MENDO ¿Pues no hay, sin que yo me case,
Huelgas en Burgos, adonde
llevarla, cuando me enfade?
Mira, si acaso la ves.

NUÑO Temo si acierta a mirarme
Pero Crespo.

MENDO ¿Qué ha de hacer,
siendo mi crïado, nadie?
Haz lo que manda tu amo.

NUÑO Sí haré, aunque no he de sentarme
con él a la mesa

MENDO Es propio
de los que sirven, refranes.

NUÑO Albricias que, con su prima
Inés, a la reja sale.

MENDO Di que por el bello oriente,
coronado de diamantes,

hoy, repitiéndose el sol,
amanece por la tarde..

Salen a la ventana ISABEL *y* INÉS, *labradoras.*

INÉS
Asómate a esa ventana,
prima, así el cielo te guarde,
verás los soldados, que entran
en el lugar.

ISABEL
No me mandes,
que a la ventana me ponga,
estando ese hombre en la calle,
Inés, pues ya, en cuánto el verle
en ella me ofende, sabes.

INÉS
En notable tema ha dado
de servirte y festejarte.

ISABEL
No soy más dichosa yo.

INÉS
A mi parecer, mal haces
de hacer sentimiento de esto.

ISABEL
Pues ¿qué había de hacer?

INÉS
Donaire.

ISABEL
¿Donaire de los disgustos?

MENDO
Hasta aqueste mismo instante,
jurara yo (a fe de hidalgo,
que es juramento inviolable)
que no había amanecido;
mas ¿qué mucho que lo extrañe,
hasta que a vuestras auroras
segundo día les sale?

ISABEL
Ya os he dicho muchas veces,

señor Mendo, cuán en balde
gastáis finezas de amor,
locos extremos de amante
haciendo todos los días
en mi casa y en mi calle.

MENDO

Si las mujeres hermosas
supieran cuánto las hacen
más hermosas el enojo,
el rigor, desdén y ultraje,
en su vida gastarían
más afeite que enojarse.
Hermosa estáis, por mi vida;
decid, decid más pesares.

ISABEL

Cuando no baste el decirlos,
don Mendo, el hacerlos baste
de aquesta manera: «Inés,
éntrate allá dentro, y dale
con la ventana en los ojos.»

Vase.

INÉS

Señor caballero andante,
que de aventurero entráis
siempre en lides semejantes,
porque de mantenedor
no era para vos tan fácil,
amor os provea.

Vase.

MENDO

Inés,
las hermosuras se salen
con cuanto ellas quieren. —¡Nuño!

NUÑO

¡Oh qué desairados nacen
todos los pobres!

Sale PEDRO CRESPO, *labrador.*

CRESPO [*ap.*] ¡Que nunca
entre y salga yo en mi calle,
que no vea a este hidalgote
pasearse en ella muy grave!

NUÑO Pedro Crespo viene aquí.

MENDO Vamos por estotra parte,
que es villano malicioso.

Sale JUAN, *su hijo.*

JUAN [*ap.*] ¡Que siempre que venga halle
esta fantasma a mi puerta,
calzado de frente y guantes!

NUÑO Pero acá viene su hijo.

MENDO No te turbes ni embaraces.

CRESPO Mas Juanico viene aquí.

JUAN Pero aquí viene mi padre.

MENDO Disimula. —Pedro Crespo,
Dios os guarde.

CRESPO Dios os guarde.

Vanse DON MENDO *y* NUÑO.

[*aparte*] Él ha dado en porfiar,
y alguna vez he de darle
de manera que le duela.

JUAN [*ap.*] Algún día he de enojarme.
¿De adónde bueno, señor?

CRESPO De las eras; que esta tarde

salí a mirar la labranza,
y están las parvas notables
de manojos y montones,
que parecen al mirarse
desde lejos montes de oro,
y aun oro de más quilates,
pues de los granos de aqueste,
es todo el cielo el contraste.
Allí el bielgo, hiriendo a soplos
el viento en ellos süave,
deja en esta parte el grano,
y la paja [en] la otra parte;
que aun allí lo más humilde
da el lugar a lo más grave.
¡Oh quiera Dios, que en las trojes
yo llegue a encerrarlo, antes
que algún turbión me lo lleve
o algún viento me las tale!
Tú, ¿qué has hecho?

JUAN — No sé cómo
decirlo, sin enojarte.
A la pelota he jugado
dos partidos esta tarde,
y entrambos los he perdido.

CRESPO — Haces bien, si lo pagaste.

JUAN — No los pagué; que no tuve
dineros para ellos; antes
vengo a pedirte, señor...

CRESPO — Pues escucha antes de hablarme:
dos cosas no has de hacer nunca,
no ofrecer lo que no sabes
que has de cumplir, ni jugar
más de lo que está delante,
porque, si por accidente
falta, tu opinión no falte.

JUAN — El consejo es como tuyo,
y por tal debo estimarle;
y he de pagarte con otro:
en tu vida no has de darle
consejo al que ha menester
dinero.

CRESPO — ¡Bien te vengaste!

Sale el SARGENTO.

SARGENTO — ¿Vive Pedro Crespo aquí?

CRESPO — ¿Hay algo que usté le mande?

SARGENTO — Traer a casa la ropa
de don Álvaro de Atayde,
que es el capitán de aquesta
compañía, que esta tarde
se ha alojado en Zalamea.

CRESPO — No digáis más, esto baste;
que para servir al Rey,
y al Rey en sus capitanes,
están mi casa y mi hacienda.
Y en tanto, que se le hace
el aposento, dejad
la ropa en aquella parte,
e id a decirle que venga,
cuando su merced mandare,
a que se sirva de todo.

SARGENTO — Él vendrá luego al instante.
Vase.

JUAN — ¡Que quieras, siendo tú rico,
vivir a estos hospedajes
sujeto!

CRESPO Pues ¿cómo puedo
escusarlos ni escusarme?

JUAN Comprando una ejecutoria.

CRESPO Dime por tu vida, ¿hay alguien
que no sepa, que yo soy,
si bien de limpio linaje,
hombre llano? No por cierto.
Pues ¿qué gano yo en comprarle
una ejecutoria al Rey,
si no le compro la sangre?
¿Dirán entonces, que soy
mejor que agora? No, es dislate.
Pues ¿qué dirán? Que soy noble
por cinco o seis mil reales;
y esto es dinero y no es honra;
que honra no la compra nadie.
¿Quieres, aunque sea trivial,
un ejemplillo escucharme?
«Es calvo un hombre mil años,
y al cabo de ellos se hace
una cabellera. Este,
en opiniones vulgares,
¿deja de ser calvo? No.
Pues ¿qué dicen al mirarle?
Bien puesta la cabellera
trae fulano.» Pues ¿qué hace,
si, aunque no le vean la calva,
todos que la tiene saben?

JUAN Enmendar su vejación,
remediarse de su parte,
y redimir vejaciones
del sol, del yelo y del aire.

CRESPO Yo no quiero honor postizo
que el defecto ha de dejarme
en casa. Villanos fueron

mis abuelos y mis padres;
sean villanos mis hijos.
Llama a tu hermana.

JUAN
Ella sale.

Salen ISABEL *y* INÉS.

CRESPO
Hija, el Rey, nuestro señor,
que el cielo mil años guarde,
va a Lisboa, porque en ella
solicita coronarse
como legítimo dueño;
a cuyo efecto, marciales
tropas caminan con tantos
aparatos militares
hasta bajar a Castilla
el tercio viejo de Flandes
con un don Lope, que dicen
todos que es español Marte.
Hoy han de venir a casa
soldados, y es importante,
que no te vean. Así, hija,
al punto has de retirarte
en esos desvanes, donde
yo vivía.

ISABEL
A suplicarte
me dieses esta licencia
venía yo. Sé que el estarme
aquí es estar solamente
a escuchar mil necedades.
En ese cuarto mi prima
y yo estaremos, sin que nadie,
ni aun el sol mismo, no sepa
de nosotras.

CRESPO
Dios os guarde.
Juanico, quédate aquí.

Recibe a huéspedes tales,
mientras busco en el lugar
algo con qué regalarles.

Vase.

ISABEL — Vamos, Inés.

INÉS — Vamos, prima.
[*aparte*] (Mas tengo por disparate
el guardar una mujer,
si ella no quiere guardarse.)

Vanse.

Sale el CAPITÁN *y el* SARGENTO.

SARGENTO — Ésta es, señor, la casa.

CAPITÁN — Pues del cuerpo de guardia al punto pasa
toda mi ropa.

SARGENTO — Quiero
registrar la villana lo primero.

Vase

JUAN — Vos seais bien venido
a aquesta casa; que ventura ha sido
grande venir a ella un caballero
tan noble como en vos le considero.
[*aparte*] (¡Qué galán y alentado!
Envidia tengo al traje de soldado.)

CAPITÁN — Vos seáis bien hallado.

JUAN — Perdonaréis, no estar acomodado;
que mi padre quisiera
que hoy un alcázar esta casa fuera.
Él ha ido a buscaros
que comáis, que desea regalaros,
y yo voy a que esté vuestro aposento
aderezado.

CAPITÁN Agradecer intento
la merced y el cuidado.

JUAN Estaré siempre a esos pies postrado.

Vase y sale el SARGENTO.

CAPITÁN ¿Qué hay, sargento? ¿Has ya visto
a la tal labradora?

SARGENTO Vive Cristo,
que con aquese intento
no he dejado cocina ni aposento,
y que no la he tocado.

CAPITÁN Sin duda el villanchón la ha retirado.

SARGENTO Pregunté a una criada
por ella, y respondióme que ocupada
su padre la tenía
en ese cuarto alto, y que no había
de bajar nunca acá, que es muy celoso.

CAPITÁN ¿Qué villano no ha sido malicioso?
De mí digo, que, si hoy aquí la viera,
caso de ella no hiciera;
y sólo porque el viejo la ha guardado,
deseo, vive Dios, de entrar me ha dado
donde está.

SARGENTO Pues ¿qué haremos,
para que allá, señor, con causa entremos,
sin dar sospecha alguna?

CAPITÁN Solo por tema la he de ver, y una
industria he de buscar.

SARGENTO Aunque no sea
de mucho ingenio para quien la vea

hoy, no importará nada;
que con eso será más celebrada.

CAPITÁN Óyela pues ahora.

SARGENTO Di ¿qué ha sido?

CAPITÁN Tú has de fingir... Mas no, pues que ha
[venido
este soldado, que es más despejado,
él fingirá mejor lo que he trazado.

Salen REBOLLEDO *y* CHISPA.

REBOLLEDO Con este intento vengo
a hablar al capitán, por ver si tengo
dicha en algo.

CHISPA Pues háblale de modo
que le obligues; que en fin no ha de ser todo
desatino y locura.

REBOLLEDO Préstame un poco tú de tu cordura.

CHISPA Poco y mucho podiera.

REBOLLEDO Mientras hablo con él, aquí me espera.
Yo vengo a suplicarte...

CAPITÁN En cuanto puedo
ayudaré, por Dios, a Rebolledo,
porque me ha aficionado
su despejo y su brío.

SARGENTO Es gran soldado.

CAPITÁN Pues ¿qué hay que se le ofrezca?

REBOLLEDO Yo he perdido

cuanto dinero tengo y he tenido
y he de tener, porque de pobre juro,
en presente, en pretérito y futuro.
Hágaseme merced de que por vía
de ayudilla de costa aqueste día
el alférez me dé...

CAPITÁN
Diga, ¿qué intenta?

REBOLLEDO
El juego del boliche por mi cuenta;
que soy hombre cargado
de obligaciones y hombre al fin honrado.

CAPITÁN
Digo que eso es muy justo,
y el alférez sabrá que este es mi gusto.

CHISPA [*ap.*]
(Bien le habla el capitán. ¡Oh si me viera
llamar de todos ya la bolichera!

REBOLLEDO
Daréle ese recado.

CAPITÁN
Oye. Primero
que le lleves, de ti fiarme quiero
para cierta invención que he imaginado,
con que salir intento de un cuidado.

REBOLLEDO
Pues ¿qué es lo que se aguarda?
Lo que tarda en saberse, es lo que tarda
en hacerse.

CAPITÁN
Escúchame. Yo intento
subir a ese aposento
por ver si en él una persona habita,
que de mí hoy esconderse solicita.

REBOLLEDO
Pues ¿por qué no le subes?

CAPITÁN
No quisiera,
sin que alguna color para esto hubiera,

por disculparlo más; y así, fingiendo
que yo riño contigo, has de irte huyendo
por ahí arriba. Yo entonces enojado
la espada sacaré. Tú muy turbado
has de entrarte hasta donde
esta persona que busqué se esconde.

REBOLLEDO Bien informado quedo.

CHISPA Pues habla el capitán con Rebolledo
hoy de aquella manera,
desde hoy me llamarán la bolichera.

REBOLLEDO ¡Voto a Dios que han tenido
este ayuda de costa, que he pedido,
un ladrón, un gallina y un cuitado,
y agora que la pide un hombre honrado,
no se la dan!

CHISPA [*ap.*] (Ya empieza su tronera.)

CAPITÁN Pues ¿cómo me habla a mí de esa manera?

REBOLLEDO ¿No tengo de enojarme,
cuando tengo razón?

CAPITÁN No, ni ha de
[hablarme;
y agradezca que sufro aqueste exceso.

REBOLLEDO Ucé es mi capitán, sólo por eso
callaré. Mas ¡por Dios! que si yo hubiera
la bengala en mi mano...

CAPITÁN ¿Qué me hiciera?

CHISPA ¡Tente, señor! [Ap.] (Su muerte
[considera.)

REBOLLEDO que me hablara mejor.

CAPITÁN ¿Qué es lo que espero,
que no doy muerte a un pícaro atrevido?

REBOLLEDO Huyo, por el respeto que he tenido
a esa insignia.

CAPITÁN Aunque huyas,
te he de matar.

CHISPA Ya él hizo de las suyas.

SARGENTO ¡Tente, señor!

CHISPA ¡Escucha!

SARGENTO ¡Aguarda, espera!

CHISPA Ya no me llamarán la bolichera.

Éntrale acuchillando y sale JUAN *con espada, y* PEDRO CRESPO.

JUAN ¡Acudid todos presto!

CRESPO ¿Qué ha sucedido aquí?

JUAN ¿Qué ha sido aquesto?

CHISPA Que la espada ha sacado
el capitán aquí para un soldado,
y esa escalera arriba
sube tras él.

CRESPO ¿Hay suerte más esquiva?

CHISPA Subir todos tras él.

JUAN Acción fue vana
esconder a mi prima y a mi hermana.

Éntranse y salen REBOLLEDO *huyendo, y Isabel y Inés.*

REBOLLEDO — Señoras, si siempre ha sido
sagrado el que es templo, hoy
sea mi sagrado aqueste,
pues es templo del amor.

ISABEL — ¿Quién a vos de esa manera
os obliga?

INÉS — ¿Qué ocasión
tenéis de entrar hasta aquí?

ISABEL — ¿Quién os sigue o busca?

Sale el CAPITÁN *y* SARGENTO.

CAPITÁN — Yo;
que tengo de dar la muerte
al pícaro. ¡Vive Dios,
si pensase...!

ISABEL — Deteneos,
siquiera porque, señor,
vino a valerse de mí;
que los hombres, como vos,
han de amparar las mujeres,
si no por lo que ellas son,
porque son mujeres; que esto
basta, siendo vos quien sois.

CAPITÁN — No pudiera otro sagrado
librarle de mi furor,
sino vuestra gran belleza;
por ella vida le doy.
Pero mirad, que no es bien
en tan precisa ocasión
hacer vos el homicidio,
que no queréis que haga yo.

ISABEL — Caballero, si cortés

ponéis en obligación
nuestras vidas, no zozobre
tan presto la intercesión.
Que dejéis este soldado
os suplico; pero no,
que cobréis de mí la deuda,
a que agradecida estoy.

CAPITÁN No sólo vuestra hermosura
es de rara perfección,
pero vuestro entendimiento
lo es también; porque hoy en vos
alianza están jurando
hermosura y discreción.

Salen PEDRO CRESPO *y* JUAN, *las espadas desnudas.*

CRESPO ¿Cómo es eso, caballero?
¿Cuando pensó mi temor
hallaros matando a un hombre,
os hallo...

ISABEL [*ap.*] (¡Válgame Dios!)

CRESPO requebrando una mujer?
Muy noble sin duda sois,
pues que tan presto se os pasan
los enojos.

CAPITÁN Quien nació
con obligaciones, debe
acudir a ellas; y yo
al respeto de esta dama
suspendí todo el furor.

CRESPO Isabel es hija mía,
y es labradora, señor,
que no dama.

JUAN [*ap.*] (¡Vive el cielo,
que todo ha sido invención,
para haber entrado aquí!
Corrido en el alma estoy
de que piensen que me engañan,
y no ha de ser.) – Bien, señor
capitán, pudierais ver
con más segura atención
lo que mi padre desea
hoy serviros, para no
haberle hecho este disgusto.

CRESPO ¿Quién os mete en eso a vos,
rapaz? ¿Qué disgusto ha habido?
Si el soldado le enojó,
¿no había de ir tras él?
Mi hija os estima el favor
del haberle perdonado,
y el de su respeto yo.

CAPITÁN Claro está, que no habrá sido
otra causa, y ved mejor
lo que decís.

JUAN Yo lo veo
muy bien.

CRESPO Pues ¿cómo habláis vos
así?

CAPITÁN Porque estáis delante,
más castigo no le doy
a este rapaz.

CRESPO Detened,
señor capitán; que yo
puedo tratar a mi hijo
como quisiere, y vos no.

JUAN — Y yo sufrirlo a mi padre,
mas a otra persona no.

CAPITÁN — ¿Qué habías de hacer?

JUAN — Perder
la vida por la opinión.

CAPITÁN — ¿Qué opinión tiene un villano?

JUAN — Aquella misma que vos;
que no hubiera un capitán,
si no hubiera un labrador.

CAPITÁN — ¡Vive Dios, que ya es bajeza
sufrirlo!

CRESPO — Ved que yo estoy
de por medio.

Sacan las espadas.

REBOLLEDO — ¡Vive Cristo,
Chispa, que ha de haber hurgón!

CHISPA — ¡Aquí del cuerpo de guardia!

REBOLLEDO — ¡Don Lope, ojo avizor!

Sale DON LOPE *con hábito*, muy galán, y bengala***

DON LOPE — ¿Qué es aquesto? ¿La primera
cosa que he de encontrar hoy,
acabado de llegar,
ha de ser una quistión?

CAPITÁN — [*ap.*] (¡A qué mal tiempo don Lope
de Figueroa llegó!)

CRESPO [*ap.*] (¡Por Dios, que se las tenía
con todos el rapagón!)

DON LOPE ¿Qué ha habido?, ¿qué ha sucedido?
Hablad; porque ¡voto a Dios
que a hombres, mujeres y casa
eche por un corredor!
¿No me basta haber subido
hasta aquí, con el dolor
de esta pierna, que los diablos
llevarán, amén, sino
no decirme: aquesto ha sido?

CRESPO Todo esto es nada, señor.

DON LOPE Hablad, decid la verdad.

CAPITÁN Pues es que alojado estoy
en esta casa;– un soldado...

DON LOPE Decid

CRESPO ocasión me dio
a que sacase con él
la espada. Hasta aquí se entró
huyendo, Entréme tras él
donde estaban esas dos
labradoras, y su padre
o su hermano)o lo que son,
se handisgustado de que
entrase hasta aquí.

DON LOPE Pues yo
a tan buen tiempo he llegado,
satisfaré a todos hoy.
¿Quién fue el soldado, decid,
que a su capitán le dio

ocasión de que sacase
la espada

REBOLLEDO [*ap.*] (¡Qué hago yo
por todos!)

ISABEL Aqueste fue
el que huyendo hasta aquí entró.

DON LOPE Denle dos tratos de cuerda.

REBOLLEDO ¿Tras...? ¿Qué me han de dar señor?

DON LOPE Tratos de cuerda.

REBOLLEDO Yo hombre
de aquesos tratos no soy.

CHISPA Desta vez me le estropean.

CAPITÁN [*ap.*] (¡Ah, Rebolledo, por Dios,
que nada digas! Yo haré
que te libren.)

REBOLLEDO [*a él*] (¿Cómo no
lo he de decir, pues si callo,
los brazos me pondrán hoy
atrás, como mal soldado?)
El capitán me mandó
que fingiese la pendencia,
para tener ocasión
de entrar aquí.

CRESPO Ved agora,
si hemos tenido razón.

DON LOPE No tuvisteis, para haber
así puesto en ocasión
de perderse este lugar.

¡Hola! Echa un bando, tambor:
—Que al cuerpo de guardia vayan
los soldados cuantos son,
y que no salga ninguno,
pena de muerte, en todo hoy.—
Y para que no quedéis
con aqueste empeño vos,
y vos con este disgusto,
y satisfechos los dos,
buscad otro alojamiento;
que yo en esta casa estoy
desde hoy alojado, en tanto
que a Guadalupe no voy
donde está el Rey.

CAPITÁN Tus preceptos,
órdenes precisas son
para mí.

[*Vanse los soldados*]

CRESPO Entraos allá dentro.

[*Vanse* ISABEL, INÉS *y* JUAN].

[a don Lope] Mil gracias, señor, os doy
por la merced, que me hicisteis
de excusarme una ocasión
de perderme.

DON LOPE ¿Cómo habíais,
decid, de perderos vos?

CRESPO Dando muerte a quien pensara
ni aun el agravio menor.

DON LOPE ¿Sabéis, voto a Dios, que es
capitán?

CRESPO
Sí, ¡voto a Dios!
y aunque fuera él general,
en tocando a mi opinión,
le matara.

DON LOPE
A quien tocara
ni aun al soldado menor
sólo un pelo de la ropa,
por vida del cielo, yo
le ahorcara.

CRESPO
A quien se atreviera
a un átomo de mi honor,
por vida también del cielo,
que también le ahorcara yo.

DON LOPE
¿Sabéis, que estáis obligado
a sufrir, por ser quien sois,
estas cargas?

CRESPO
Con mi hacienda,
pero con mi fama no.
Al Rey la hacienda y la vida
se ha de dar; pero el honor
es patrimonio del alma,
y el alma sólo es de Dios.

DON LOPE
¡Juro a Cristo, que parece
que vais teniendo razón!

CRESPO
Sí, juro a Cristo, porque
siempre la he tenido yo.

DON LOPE
Yo vengo cansado, y esta
pierna, que el diablo me dio,
ha menester descansar.

CRESPO
Pues ¿quién os dice que no?
Ahí me dio el diablo una cama,
y servirá para vos.

DON LOPE Y ¿diola hecha el diablo?

CRESPO Sí.

DON LOPE Pues a deshacerla voy,
que estoy, voto a Dios, cansado.

CRESPO Pues descansad, voto a Dios.

DON LOPE [*ap.*] (Testarudo es el villano;
también jura como yo.)

CRESPO [*ap.*] (Caprichoso es el don Lope;
no haremos migas los dos.)

JORNADA SEGUNDA

Salen MENDO *y* NUÑO, *su criado.*

MENDO ¿Quién os contó todo esto?

NUÑO Todo esto contó Ginesa,
su crïada.

MENDO ¿El capitán,
después de aquella pendencia,
que en su casa tuvo, fuese
ya verdad o ya cautela,
ha dado en enamorar
a Isabel?

NUÑO Y es de manera,
que tan poco humo en su casa
él hace, como en la nuestra
nosotros. Él todo el día
no se quita de su puerta.
No hay hora, que no la envíe
recados; con ellos entra
y sale un mal soldadillo,
confidente suyo.

MENDO ¡Cesa!
que es mucho veneno, mucho,
para que el alma lo beba
de una vez.

NUÑO Y más no habiendo
en el estómago fuerzas
con que resistirle.

MENDO Hablemos
un rato, Nuño, de veras.

NUÑO ¡Pluguiera a Dios fueran burlas!

MENDO Y ¿qué le responde ella?

NUÑO Lo que a ti; porque Isabel
es deidad hermosa y bella,
a cuyo cielo no empañan
los vapores de la tierra.

MENDO ¡Buenas nuevas te dé Dios!
[*dale un bofetón*]

NUÑO A ti te dé mal de muelas,
que me has quebrado dos dientes.
Mas bien has hecho, si intentas
reformarlos por familia
que no sirve ni aprovecha.
¡El capitán!

MENDO ¡Vive Dios,
si por el honor no fuera
de Isabel, que lo matara!

NUÑO Más mira por tu cabeza.

Salen el CAPITÁN, SARGENTO *y* REBOLLEDO.

MENDO [*ap.*] (Escucharé retirado.)
Aquí, a esta parte, te llega.

CAPITÁN Este fuego, esta pasión
no es amor solo, que es tema,
es ira, es rabia, es furor.

REBOLLEDO ¡Oh nunca, señor, hubieras
visto a la hermosa villana,
que tantas ansias te cuesta!

CAPITÁN ¿Qué te dijo la criada?

REBOLLEDO ¿Ya no sabes sus respuestas?

MENDO [*a Nuño*] Esto ha de ser: Pues ya tiende
la noche sus sombras negras,
antes que [se] haya resuelto
a lo mejor mi prudencia,
ven a armarme.

NUÑO Pues ¿que tienes
más armas, señor, que aquellas
que están en un azulejo
sobre el marco de la puerta?

MENDO En mi guadarnés presumo
que hay para tales empresas
algo que ponerme.

NUÑO Vamos,
sin que el capitán nos sienta.

Vanse.

CAPITÁN ¡Que en una villana haya
tan hidalga resistencia,
que no me haya respondido
una palabra siquiera
apacible!

SARGENTO Éstas, señor,
no de los hombres se prendan
como tú. Si otro villano
la festejara y sirviera,
hiciera más caso de él.
Fuera de que son tus quejas
sin tiempo. Si te has de ir
mañana, ¿para qué intentas,
que una mujer en un día
te escuche y te favorezca?

CAPITÁN En un día el sol alumbra
y falta; en un día se trueca
un reino todo; en un día
es edificio una peña;
en un día una batalla
pérdida y vitoria ostenta;
en un día tiene el mar
tranquilidad y tormenta;
en un día nace un hombre,
y muere: luego pudiera
en un día ver mi amor
sombra y luz, como planeta;
pena y dicha, como imperio;
gente y brutos, como selva;
paz e inquietud, como mar;
triunfo y ruina, como guerra;
vida y muerte, como dueño
de sentidos y potencias.
Y habiendo tenido edad
en un día su violencia
de hacerme tan desdichado,
¿por qué, por qué no pudiera
tener edad en un día
de hacerme dichoso? ¿Es fuerza
que se engendren más despacio
las glorias, que las ofensas?

SARGENTO ¿Verla una vez solamente

a tanto extremo te fuerza?

CAPITÁN
¿Qué más causa había de haber,
llegando a verla, que verla?
De sola una vez a incendio
crece una breve pavesa;
de una vez sola un abismo
fulgúreo volcán revienta;
de una vez se enciende el rayo,
que destruye cuanto encuentra;
de una vez escupe horror
la más reformada pieza.
De una vez amor ¿qué mucho,
fuego de cuatro maneras,
mina, incendio, pieza y rayo,
postre, abrase, asombre y hiera?

SARGENTO
¿No decías, que villanas
nunca tenían belleza?

CAPITÁN
Y aun aquesa confianza
me mató; porque el que piensa
que va a un peligro, ya va,
prevenido a la defensa;
quien va a una seguridad,
es el que más riesgo lleva,
por la novedad que halla,
si acaso un peligro encuentra.
Pensé hallar una villana;
si hallé una deidad, ¿no era
preciso que peligrase
en mi misma inadvertencia?
En toda mi vida vi
más divina, más perfecta
hermosura. ¡Ay, Rebolledo,
no sé qué hiciera por verla!

REBOLLEDO
En la compañía hay soldado,
que canta por excelencia,
y la Chispa, que es mi alcaida
del boliche, es la primera

mujer en jacarear.
Haya, señor, jira y fiesta
y música a su ventana;
que con esto podrás verla
y aun hablarla.

CAPITÁN — Como está
don Lope allí, no quisiera
despertarle.

REBOLLEDO — Pues don Lope
¿cuándo duerme con su pierna?
Fuera, señor, que la culpa,
si se entiende, será nuestra,
no tuya, si de rebozo
vas en la tropa.

CAPITÁN — Aunque tenga
mayores dificultades,
pase por todas mis penas.
Juntaos todos esta noche,
mas de suerte, que no entiendan,
que yo lo mando. ¡Ah, Isabel,
qué de cuidados me cuestas!

Vanse el CAPITÁN, *y el* SARGENTO, *y sale* CHISPA.

CHISPA — ¡Téngase!

REBOLLEDO — Chispa, ¿qué es esto?

CHISPA — Ahí un pobrete, que queda
con un rasguño en el rostro.

REBOLLEDO — Pues ¿por qué fue la pendencia?

CHISPA — Sobre hacerme alicantina
del barato de hora y media,

que estuvo echando las bolas,
teniéndome muy atenta
a si eran pares o nones.
Canséme y díle con ésta.

Saca la daga.

Mientras que con el barbero
poniéndose en puntos queda,
vamos al cuerpo de guardia,
que allá te daré la cuenta.

REBOLLEDO ¡Bueno es estar de mohina,
cuando vengo yo de fiesta!

CHISPA ¿Pues qué estorba el uno al otro?
Aquí está la castañeta.
¿Qué se ofrece que cantar?

REBOLLEDO Ha de ser cuando anochezca,
y música más fundada.
Vamos y no te detengas.
Anda acá al cuerpo de guardia.

CHISPA Fama ha de quedar entera
de mí en el mundo, que soy
Chispilla, la bolichera.

Vanse.

Sale DON LOPE *y* PEDRO CRESPO.

CRESPO En este paso, que está
más fresco, poned la mesa
al señor don Lope. —Aquí
os sabrá mejor la cena;
que al fin los días de agosto
no tienen más recompensa,
que sus noches.

DON LOPE — Apacible
estancia en extremo es ésta.

CRESPO — Un pedazo es de jardín
do mi hija se divïerta.
Sentaos. Que el viento süave,
que en las blandas hojas suena
destas parras y estas copas,
mil cláusulas lisonjeras
hace al compás desta fuente,
cítara de plata y perlas,
porque son en trastes de oro
las guijas templadas cuerdas.
Perdonad, si de instrumentos
solos la música suena,
de músicos que deleiten
sin voces que os entretengan;
que como músicos son
los pájaros que gorjean,
no quieren cantar de noche,
ni yo puedo hacerles fuerza.
Sentaos, pues, y divertid
esa continua dolencia.

DON LOPE — No podré; que es imposible,
que divertimiento tenga.
¡Válgame Dios!

CRESPO — ¡Valga, amén!

DON LOPE — ¡Los cielos me den paciencia!
Sentaos, Crespo.

CRESPO — Yo estoy bien.

DON LOPE — Sentaos.

CRESPO — Pues me dais licencia,

digo, señor, que obedezco,
aunque excusarlo pudierais

Siéntase.

DON LOPE ¿No sabéis qué he reparado?
Que ayer la cólera vuestra
os debió de enajenar
de vos.

CRESPO Nunca me enajena
a mí de mí nada.

DON LOPE Pues
¿cómo ayer, sin que os dijera
que os sentarais, os sentasteis,
aun en la silla primera?

CRESPO Porque no me lo dijisteis,
y hoy, que lo decís, quisiera
no hacerlo. La cortesía
tenerla con quien la tenga.

DON LOPE Ayer todo erais reniegos,
porvidas, votos y pesias;
y hoy estáis más apacible,
con más gusto y más prudencia.

CRESPO Yo, señor, siempre respondo
en el tono y en la letra,
que me hablan. Ayer vos
así hablabais, y era fuerza
que fuera de un mismo tono
la pregunta y la respuesta.
Demás de que yo he tomado
por política discreta,
jurar con aquel que jura,
rezar con aquel que reza.
A todo hago compañía;

y es aquesto de manera,
que en toda la noche pude
dormir en la pierna vuestra
pensando, y amanecí
con dolor en ambas piernas;
que, por no errar la que os duele,
si es la izquierda o la derecha,
me dolieron a mí entrambas.
Decidme ¡por vida vuestra!
cuál es y sépalo yo,
porque una sola me duela.

DON LOPE
¿No tengo mucha razón
de quejarme, si ha ya treinta
años, que asistiendo en Flandes
al servicio de la guerra,
el invierno con la escarcha,
y el verano con la fuerza
del sol, nunca descansé,
y no he sabido, qué sea
estar sin dolor un hora?

CRESPO
¡Dios, señor, os dé paciencia!

DON LOPE
¿Para qué la quiero yo?

CRESPO
No os la dé.

DON LOPE
Nunca acá venga,
sino que dos mil demonios
carguen conmigo y con ella.

CRESPO
¡Amén! Y si no lo hacen
es por no hacer cosa buena.

DON LOPE
¡Jesús mil veces, Jesús!

CRESPO
Con vos y conmigo sea.

DON LOPE
¡Voto a Cristo, que me muero!

CRESPO ¡Voto a Cristo, que me pesa!

Saca la mesa JUAN.

JUAN Ya tienes la mesa aquí.

DON LOPE ¿Cómo a servirla no entran
mis crïados?

CRESPO Yo, señor,
dije, con vuestra licencia,
que no entraran a serviros,
y que en mi casa no hicieran
prevenciones; que a Dios gracias,
pienso, que no os falte en ella
nada.

DON LOPE Pues no entran crïados,
hacedme favor que venga
vuestra hija aquí a cenar
conmigo.

CRESPO Dila que venga
tu hermana al instante, Juan.

DON LOPE Mi poca salud me deja
sin sospecha en esta parte.

CRESPO Aunque vuestra salud fuera,
señor, la que yo os deseo,
me dejara sin sospecha.
Agravio hacéis a mi amor,
que nada de eso me inquieta;
que el decirla que no entrara
aquí fue con advertencia
de que no estuviese a oír
ociosas impertinencias;
que si todos los soldados
corteses, como vos, fueran,

ella había de acudir
a servillos la primera.

DON LOPE [*ap.*] (¡Qué ladino es el villano!
¡Oh, cómo tiene prudencia!)

Salen INÉS *y* ISABEL

ISABEL ¿Qué es, señor, lo que [me] mandas?

CRESPO El señor don Lope intenta
honraros. Él es quien llama.

ISABEL Aquí está una esclava vuestra.

DON LOPE Serviros intento yo.
(¡Qué hermosura tan honesta!)
Que cenéis conmigo quiero.

ISABEL Mejor es, que vuestra cena
sirvamos las dos.

DON LOPE Sentaos.

CRESPO Sentaos. Haced lo que ordena
el señor don Lope.

ISABEL Está
el mérito en la obediencia.

Tocan guitarras.

DON LOPE ¿Qué es aquello?

CRESPO Por la calle
los soldados se pasean,
cantando y bailando.

DON LOPE Mal
los trabajos de la guerra,

sin aquesta libertad,
se llevaran; que es estrecha
religión la de un soldado,
y darla ensanchas es fuerza.

JUAN
Con todo esto es linda vida.

DON LOPE
¿Fuérades con gusto a ella?

JUAN
Sí, señor, como llevara
por amparo a vuexcelencia.

[UNO] *(dentro)*
Mejor se cantará aquí.

REBOLLEDO
Vaya a Isabel una letra.
Para que despierte, tira
a su ventana una piedra.

CRESPO [*ap.*]
(A ventana señalada
va la música. ¡Paciencia!)

CANTA [*dentro*]
«Las flores del romero,
niña Isabel,
hoy son flores azules,
y mañana serán miel.»

DON LOPE [*ap.*]
(Música, vaya. Mas esto
de tirar es desvergüenza.
¡Y a la casa donde estoy
venirse a dar cantaletas!...
Pero disimularé
por Pedro Crespo y por ella.)
¡Qué travesuras!

CRESPO
Son mozos.
[*ap.*] (Si por don Lope no fuera,
yo les hiciera...)

JUAN [*ap.*]
(Si yo
una rodelilla vieja,

que en el cuarto de don Lope
está colgada, pudiera
sacar...)

Hace que se va.

CRESPO ¿Dónde vais, mancebo?

JUAN Voy a que traigan la cena.

CRESPO Allá hay mozos que la traigan.

TODOS [*dentro*] Despierta, Isabel, despierta.

ISABEL [*aparte*] (¿Qué culpa tengo yo, cielos,
para estar a esto sujeta?)

Arroja DON LOPE *la mesa.*

DON LOPE Ya no se puede sufrir,
porque es cosa muy mal hecha.

Arroja PEDRO CRESPO *la silla.*

CRESPO Pues ¡y cómo si lo es!

DON LOPE Llevéme de mi impaciencia.
¿No es, decidme, muy mal hecho,
que tanto una pierna duela?

CRESPO De eso mismo hablaba yo.

DON LOPE Pensé, que otra cosa era.
¿Cómo arrojásteis la silla?

CRESPO Como arrojásteis la mesa
vos, no tuve que arrojar
otra cosa yo más cerca.
[*ap.*] (¡Disimulemos, honor!)

DON LOPE [*ap.*] (¡Quién en la calle estuviera!)
Ahora bien, cenar no quiero.
Retiraos.

CRESPO Enhorabuena.

DON LOPE Señora, quedad con Dios.

ISABEL El cielo os guarde.

DON LOPE [*ap.*] (A la puerta
de la calle, ¿no es mi cuarto?,
y en él, ¿no está una rodela?)

CRESPO [*ap.*] (¿No tiene puerta el corral,
y yo una espadilla vieja?)

DON LOPE Buenas noches.

CRESPO Buenas noches.
[*ap.*] (Encerraré por defuera
a mis hijos.)

DON LOPE [*ap.*] (Dejaré
un poco la casa quieta.)

ISABEL [*ap.*] (¡Oh qué mal, cielos, los dos
disimulan que les pesa!)

INÉS [*ap.*] (Mal el uno por el otro
van haciendo la deshecha.)

CRESPO ¡Hola, mancebo!

JUAN ¿Señor?

CRESPO Acá está la cama vuestra.

Vanse.

Sale el CAPITÁN, SARGENTO, CHISPA *y* REBOLLEDO *con guitarras, y soldados.*

REBOLLEDO Mejor estamos aquí,
el sitio es más oportuno;
tome rancho cada uno.

CHISPA ¿Vuelve la música?

REBOLLEDO Sí.

CHISPA Agora estoy en mi centro.

CAPITÁN ¡Que no haya una ventana
entreabierto esta villana!

SARGENTO Pues bien lo oyen allá dentro.

CHISPA Espera.

SARGENTO [*ap.*] (Será a mi costa.)

REBOLLEDO No es más de hasta ver quién es
quien llega.

CHISPA ¿Pues qué? ¿No ves
un jinete de la costa?

Sale MENDO *con adarga*, y* NUÑO.

MENDO ¿Ves bien lo que pasa?

NUÑO No,
no veo bien; pero bien
lo escucho.

MENDO ¿Quién, cielos, quién
esto puede sufrir?

NUÑO Yo.

MENDO ¿Abrirá acaso Isabel
la ventana?

NUÑO Sí, abrirá.

MENDO No hará, villano.

NUÑO No hará.

MENDO ¡Ah celos, pena crüel!
Bien supiera yo arrojar
a todos a cuchilladas
de aquí; mas disimuladas
mis desdichas han de estar
hasta ver, si ella ha tenido
culpa dello.

NUÑO Pues aquí
nos sentemos.

MENDO Bien. Así
estaré desconocido.

REBOLLEDO Pues ya el hombre se ha sentado
(si ya no es, que ser ordena
algún alma que anda en pena
de las cañas que ha jugado
con su adarga a cuestas) da
voz al aire.

CHISPA Ya él la lleva.

REBOLLEDO Va una jácara tan nueva,
que corra sangre.

CHISPA Sí hará.

Salen DON LOPE *y* PEDRO CRESPO, *a un tiempo, con broqueles**

CHISPA [*canta*] *«Érase cierto Sampayo*
la flor de los andaluces,
el jaque de mayor porte,
y el jaque de mayor lustre;
éste, pues, a la Chillona
topó un día...»

REBOLLEDO No le culpen
la fecha, que el consonante
quiere que haya sido en lunes.

CHISPA [*canta*] *«Topó, digo, a la Chillona,*
que, brindando entre dos luces,
ocupaba con el Garlo
la casa de los azumbres.
El Garlo, que siempre fue
en todo lo que le cumple
rayo de tejado abajo,
porque era rayo sin nube,
sacó la espada, y a un tiempo
un tajo y revés sacude.»

Acuchíllanlos DON LOPE *y* PEDRO CRESPO.

CRESPO Sería de esta manera.

DON LOPE Que sería así no duden.

Métenlos a cuchilladas y sale DON LOPE.

DON LOPE ¡Gran valor! Uno ha quedado
de ellos, que es el que está aquí.

Sale PEDRO CRESPO.

CRESPO Cierto es que el que queda ahí
sin duda es algún soldado.

DON LOPE — Ni aun éste no ha de escapar
sin almagre.

CRESPO — Ni éste quiero
que quede sin que mi acero
la calle le haga dejar.

DON LOPE — ¿No huís con los otros?

CRESPO — ¡Huid vos,
que sabréis huir más bien!

Riñen.

DON LOPE — ¡Voto a Dios, que riñe bien!

CRESPO — ¡Bien pelea, voto a Dios!

JUAN — (¡Quiera el cielo, que le tope!)

Sale JUAN.

Señor, a tu lado estoy.

DON LOPE — ¿Es Pedro Crespo?

CRESPO — Yo soy.
¿Es don Lope?

DON LOPE — Sí, es don Lope.
¿Qué no habíais, no dijisteis,
de salir? ¿Qué hazaña es ésta?

CRESPO — Sean disculpa y respuesta
hacer lo que vos hicisteis.

DON LOPE — Aquesta era ofensa mía,
vuestra no.

CRESPO — No hay que fingir;
que yo he salido a reñir
por haceros compañía.

Dentro, los SOLDADOS.

SOLDADO 1.º — A dar muerte nos juntemos
a estos villanos.

Salen el CAPITÁN *y todos.*

CAPITÁN — Mirad...

DON LOPE — ¿Aquí no estoy yo? Esperad.
¿De qué son estos extremos?

CAPITÁN — Los soldados han tenido,
(porque se estaban holgando
en esta calle cantando
sin alboroto y rüido),
una pendencia, y yo soy
quien los está deteniendo.

DON LOPE — Don Álvaro, bien entiendo
vuestra prudencia; y pues hoy
aqueste lugar está
en ojeriza, yo quiero
excusar rigor más fiero;
y pues amanece ya,
orden doy, que en todo el día,
para que mayor no sea
el daño, de Zalamea
saquéis vuestra compañía.
Y estas cosas acabadas,
no vuelvan a ser, porque
la paz otra vez pondré,
voto a Dios, a cuchilladas.

CAPITÁN — Digo que aquesta mañana

la compañía haré marchar.
[*ap.*] (La vida me has de costar,
hermosísima villana.)

Vase

CRESPO [*ap.*] (Caprichudo es el don Lope;
ya haremos migas los dos.)

DON LOPE Veníos conmigo vos,
y solo ninguno os tope.

Vanse.

Salen MENDO *y* NUÑO *herido.*

MENDO ¿Es algo, Nuño, la herida?

NUÑO Aunque fuera menor, fuera
de mí muy mal recebida,
y mucho más que quisiera.

MENDO Yo no he tenido en mi vida
mayor pena ni tristeza.

NUÑO Yo tampoco.

MENDO Que me enoje
es justo. ¿Qué su fiereza
luego te dio en la cabeza?

NUÑO Todo este lado me coge.

Tocan.

MENDO ¿Qué es esto?

NUÑO La compañía
que hoy se va.

MENDO Y es dicha mía,

pues con esto cesarán
los celos del capitán.

NUÑO — Hoy se ha de ir en todo el día.

Salen CAPITÁN *y* SARGENTO.

CAPITÁN — Sargento, vaya marchando,
antes que decline el día,
con toda la compañía,
y con prevención que, cuando
se esconda en la espuma fría
del océano español
ese luciente farol,
en ese monte le espero,
porque hallar mi vida quiero
hoy en la muerte del sol.

SARGENTO — Calla, que está aquí un figura
del lugar.

MENDO — Pasar procura,
sin que entiendan mi tristeza.
No muestres, Nuño, flaqueza.

NUÑO — ¿Puedo yo mostrar gordura?

Vanse.

CAPITÁN — Yo he de volver al lugar,
porque tengo prevenida
una crïada, a mirar
si puedo por dicha hablar
a aquesta hermosa homicida.
Dádivas han granjeado,
que apadrine mi cuidado.

SARGENTO — Pues, señor, si has de volver,
mira que habrás menester
volver bien acompañado,

porque al fin no hay que fiar
de villanos.

CAPITÁN — Ya lo sé.
Algunos puedes nombrar,
que vuelvan conmigo.

SARGENTO — Haré
cuanto me quieras mandar.
Pero ¿si acaso volviese
don Lope, y te conociese
al volver?

CAPITÁN — Ese temor
quiso también que perdiese
en esta parte mi amor;
que don Lope se ha de ir
hoy también a prevenir
todo el tercio a Guadalupe;
que todo lo dicho supe,
yéndome ahora a despedir
dél; porque ya el Rey vendrá,
que puesto en camino está.

SARGENTO — Voy, señor, a obedecerte.
Vase.

CAPITÁN — Que me va la vida, advierte.

Sale REBOLLEDO.

REBOLLEDO — Señor, albricias me da.

CAPITÁN — ¿De qué han de ser, Rebolledo?

REBOLLEDO — Muy bien merecellas puedo,
pues solamente te digo...

CAPITÁN — ¿Qué?

REBOLLEDO
que ya hay un enemigo
menos a quien tener miedo.

CAPITÁN
¿Quién es? Dilo presto.

REBOLLEDO
Aquel
mozo, hermano de Isabel.
Don Lope se le pidió
al padre, y él se le dio,
y va a la guerra con él.
En la calle le he topado
muy galán, muy alentado,
mezclando a un tiempo, señor,
rezagos de labrador
con primicias de soldado.
De suerte que el viejo es ya
quien pesadumbre nos da.

CAPITÁN
Todo nos sucede bien,
y más, si me ayuda quien
esta esperanza me da
de que esta noche podré
hablarla.

REBOLLEDO
No pongas duda.

CAPITÁN
Del camino volveré;
que agora es razón que acuda
a la gente, que se ve
ya marchar. Los dos seréis
los que conmigo vendréis.
Vase.

REBOLLEDO
Pocos somos, vive Dios,
aunque vengan otros dos,
otros cuatro y otros seis.

CHISPA
Y yo, si tú has de volver
allá, ¿qué tengo de hacer?

Pues no estoy segura yo,
si da conmigo el que dio
al barbero que coser.

REBOLLEDO — No sé qué he de hacer de ti.
¿No tendrás ánimo, di,
de acompañarme?

CHISPA — ¿Pues no?
¿Vestido no tengo yo;
ánimo y esfuerzo? Sí.

REBOLLEDO — Vestido no faltará;
que ahí otro del paje está
de jineta, que se fue.

CHISPA — Pues yo a la par pasaré
con él.

REBOLLEDO — Vamos, que se va
la bandera.

CHISPA — Y yo veo agora,
porque en el mundo he cantado,
[*canta*] *que el amor del soldado*
no dura un hora.

Vanse, y salen DON LOPE, PEDRO CRESPO *y* JUAN, *su hijo.*

DON LOPE — A muchas cosas os soy
en extremo agradecido;
pero, sobre todas, ésta
de darme hoy a vuestro hijo
para soldado, en el alma
os la agradezco y estimo.

CRESPO — Yo os le doy para crïado.

DON LOPE — Yo os le llevo para amigo;

que me ha inclinado en estremo
su desenfado y su brío,
y la afición a las armas.

JUAN — Siempre a vuestros pies rendido
me tendréis, y vos veréis
de la manera que os sirvo,
procurando obedeceros
en todo.

CRESPO — Lo que os suplico
es que perdonéis, señor,
si no acertare a serviros;
porque en el rústico estudio,
adonde rejas y trillos,
palas, azadas y bielgos
son nuestros mejores libros,
no habrá podido aprender
lo que en los palacios ricos
enseña la urbanidad
política de los siglos.

DON LOPE — Ya que va perdiendo el sol
la fuerza, irme determino.

JUAN — Veré si viene, señor,
la litera.

Vase

Salen INÉS *y* ISABEL.

ISABEL — ¿Y es bien iros,
sin despediros de quien
tanto desea serviros?

DON LOPE — No me fuera sin besaros
las manos y sin pediros
que liberal perdonéis
un atrevimiento digno
de perdón, porque no el precio

hace el don, sino el servicio.
Esta venera que, aunque
está de diamantes ricos
guarnecida, llega pobre
a vuestras manos, suplico
que la toméis y traigáis
por patena en nombre mío.

ISABEL
Mucho siento que penséis,
con tan generoso indicio,
que pagáis el hospedaje,
pues, de honra que recibimos,
somos los deudores.

DON LOPE
Esto
no es paga, sino cariño.

ISABEL
Por cariño, y no por paga,
solamente la recibo.
A mi hermano os encomiendo,
ya que tan dichoso ha sido
que merece ir por crïado
vuestro.

DON LOPE
Otra vez os afirmo
que podéis descuidar dél;
que va, señora, conmigo.

Sale JUAN.

JUAN
Ya está la litera puesta.

DON LOPE
Con Dios os quedad.

CRESPO
El mismo
os guarde.

DON LOPE
¡Ah, buen Pedo Crespo!

CRESPO
¡Oh, señor don Lope invicto!

DON LOPE ¿Quién nos dijera aquel día
primero que aquí nos vimos,
que habíamos de quedar
para siempre tan amigos?

CRESPO Yo lo dijera, señor,
si allí supiera, al oiros,
que erais...

DON LOPE Decid por mi vida.

Vase.

CRESPO Loco de tan buen capricho.
En tanto que se acomoda
el señor don Lope, hijo,
ante tu prima y tu hermana,
escucha lo que te digo.
Por la gracia de Dios, Juan,
eres de linaje limpio,
más que el sol, pero villano.
Lo uno y otro te digo;
aquello, porque no humilles
tanto tu orgullo y tu brío,
que dejes, desconfiado,
de aspirar con cuerdo arbitrio
a ser más; lo otro, porque
no vengas desvanecido
a ser menos. Igualmente
usa de entrambos disinios
con humildad; porque, siendo
humilde, con cuerdo arbitrio
acordarás lo mejor
y como tal, en olvido
pondrás cosas, que suceden
al revés en los altivos.
¡Cuántos, teniendo en el mundo
algún defeto consigo,
le han borrado por humildes;
y cuántos, que no han tenido

defeto, se le han hallado,
por estar ellos mal vistos!
Sé cortés sobre manera;
sé liberal y partido,
que el sombrero y el dinero
son los que hacen los amigos;
y no vale tanto el oro,
que el sol engendra en el indio
suelo, y que consume el mar,
como ser uno bienquisto.
No hables mal de las mujeres;
la más humilde, te digo,
que es digna de estimación;
porque al fin dellas nacimos.
No riñas por cualquier cosa;
que cuando en los pueblos miro
muchos, que a reñir se enseñan,
mil veces entre mí digo:
«Aquesta escuela no es
la que ha de ser»; pues colijo
que no ha de enseñarse a un hombre
con destreza, gala y brío
a reñir, sino a por qué
ha de reñir; que yo afirmo,
que, si hubiera un maestro solo
que enseñara prevenido,
no el cómo, el por qué se riña,
todos le dieran sus hijos.
Con esto, y con el dinero
que llevas para el camino,
y para hacer, en llegando
de asiento, un par de vestidos,
al amparo de don Lope
y mi bendición, yo fío
en Dios, que tengo de verte
en otro puesto. Adiós, hijo:
que me enternezco en hablarte.

JUAN Hoy tus razones imprimo

en el corazón, adonde
vivirán, mientras yo vivo.
Dame tu mano. Y tú, hermana,
los brazos; que ya ha partido
don Lope mi señor, y es
fuerza alcanzarlo.

ISABEL
Los míos
bien quisieran detenerte.

JUAN
Prima, adiós.

INÉS
Nada te digo
con la voz, porque los ojos
hurtan a la voz su oficio.
Adiós.

CRESPO
¡Ea, vete presto!
que cada vez que te miro,
siento más el que te vayas,
y ha de ser, porque lo he dicho.

JUAN
El cielo con todos quede.

Vase.

CRESPO
El cielo vaya contigo.

ISABEL
¡Notable crueldad has hecho!

CRESPO
Agora, que no le miro,
hablaré más consolado.
¿Qué había de hacer conmigo,
sino ser toda su vida
un holgazán, un perdido?
Váyase a servir al Rey.

ISABEL
Que de noche haya salido,
me pesa a mí.

CRESPO Caminar
de noche por el estío,
antes es comodidad,
que fatiga; y es preciso,
que a don Lope alcance luego
[*aparte*] al instante. (Enternecido
me deja, cierto, el muchacho,
aunque en público me animo.)

ISABEL Éntrate, señor, en casa.

INÉS Pues sin soldados vivimos,
estémonos otro poco
gozando a la puerta el frío
viento que corre; que luego
saldrán por ahí los vecinos.

CRESPO [*ap.*] (A la verdad, no entro dentro,
porque desde aquí imagino,
como el camino blanquea,
veo a Juan en el camino.)
Inés, sácame a esta puerta
asiento.

INÉS Aquí está un banquillo.

ISABEL Esta tarde diz que ha hecho
la villa elección de oficios.

CRESPO Siempre aquí por el agosto
se hace.

Salen el CAPITÁN, SARGENTO, REBOLLEDO, CHISPA, *soldados.*

CAPITÁN Pisad sin rüido.
Llega, Rebolledo, tú,
y da a la criada aviso
de que ya estoy en la calle.

REBOLLEDO — Yo voy. Mas ¿qué es lo que miro?
A su puerta hay gente.

SARGENTO — Y yo
en los reflejos y visos,
que la luna hace en el rostro,
que es Isabel, imagino,
ésta.

CAPITÁN — Ella es; más que la luna,
el corazón me lo ha dicho.
A buena ocasión llegamos.
Si ya, que una vez venimos,
nos atrevemos a todo,
buena venida habrá sido.

SARGENTO — ¿Estás para oír un consejo?

CAPITÁN — No.

SARGENTO — Pues ya no te lo digo.
Intenta lo que quisieres.

CAPITÁN — Yo he de llegar y atrevido
quitar a Isabel de allí.
Vosotros a un tiempo mismo
impedid a cuchilladas
el que me sigan.

SARGENTO — Contigo
venimos y a tu orden hemos
de estar.

CAPITÁN — Advertid, que el sitio,
en que habemos de juntarnos,
es ese monte vecino,
que está a la mano derecha,
como salen del camino.

REBOLLEDO — ¡Chispa!

CHISPA ¿Qué?

REBOLLEDO Ten estas capas.

CHISPA Que es del reñir, imagino,
la gala, el guardar la ropa,
aunque del nadar se dijo.

CAPITÁN Yo he de llegar el primero.

CRESPO Harto hemos gozado el sitio.
Entrémonos allá dentro.

CAPITÁN Ya es tiempo. ¡Llegad, amigos!

ISABEL ¡Ah, traidor! –¡Señor! ¿Qué es esto?

CAPITÁN Es una furia, un delirio
de amor.

Llévanla.

ISABEL [*dentro*] ¡Ah, traidor! –¡Señor!

CRESPO ¡Ah, cobardes!

INÉS ¡Señor mío,
yo quiero aquí retirarme!

Vase.

CRESPO Como echáis de ver, ¡ah, impíos!,
que estoy sin espada, aleves,
falsos y traidores!

REBOLLEDO Idos,
si no queréis que la muerte
sea el último castigo.

CRESPO ¿Qué importará, si está muerto

mi honor, el quedar yo vivo?
¡Ah, quién tuviera una espada!
Cuando sin armas te sigo
es imposible. Ya airado
a ir por ella me animo.
¡Los he de perder de vista!
¿Qué he hacer hados esquivos
que de cualquiera manera
es uno solo el peligro?

Sale INÉS *con la espada.*

INÉS Ésta, señor, es tu espada.

CRESPO A buen tiempo la has traído.
Ya tengo honra, pues ya tengo
espada con que seguirlos.
Soltad la presa, traidores,
cobardes, que habéis traído,
que he de cobrarla, o la vida
he de perder.

[*Riñen*]

SARGENTO Vano ha sido
tu intento, que somos muchos.

CRESPO Mis males son infinitos,
y riñen todos por mí.
Pero la tierra que piso
me ha faltado.

Cae.

REBOLLEDO ¡Dale muerte!

SARGENTO Mirad, que es rigor impío
quitarle vida y honor;
mejor es en lo escondido
del monte dejalle atado,
porque no lleve el aviso.

ISABEL [*dentro*] ¡Padre y señor!

CRESPO ¡Hija mía!

REBOLLEDO Retírale, como has dicho.

CRESPO Hija, solamente puedo
seguirte con mis suspiros.

Sale JUAN.

ISABEL [*dentro*] ¡Ay de mí!

JUAN ¡Qué triste voz!

CRESPO [*dentro*] ¡Ay de mí!

JUAN ¡Mortal gemido!
A la entrada de este monte
cayó mi rocín conmigo,
veloz corriendo, y yo ciego
por la maleza le sigo.
Tristes voces a una parte,
y a otra míseros gemidos
escucho, que no conozco,
porque llegan mal distintos.
Dos necesidades son
las que apellidan a gritos
mi valor; y pues iguales,
a mi parecer, han sido,
y uno es hombre, otro mujer,
a seguir ésta me animo;
que así obedezco a mi padre
en dos cosas que me dijo
«reñir con buena ocasión,
y honrar la mujer», pues miro,
que así honro a la mujer,
y con buena ocasión riño.

TERCERA JORNADA

Sale ISABEL *como llorando.*

ISABEL

Nunca amanezca a mis ojos
la luz hermosa del día,
porque a su sombra no tenga
vergüenza yo de mí misma.
¡Oh tú, de tantas estrellas
primavera fugitiva,
no des lugar a la aurora,
que tu azul campaña pisa,
para que con risa y llanto
borre tu apacible vista!
Y ya que ha de ser, que sea
con llanto, mas no con risa.
¡Detente, oh mayor planeta,
más tiempo en la espuma fría
del mar! Deja que una vez
dilate la noche fría
su trémulo imperio; deja
que de tu deidad se diga,
atenta a mis ruegos, que es
voluntaria y no precisa!
¿Para qué quieres salir

a ver en la historia mía
la más enorme maldad,
la más fiera tiranía,
que en venganza de los hombres
quiere el cielo que se escriba?
Mas ¡ay de mí! que parece
que es fiera tu tiranía;
pues desde que te rogué
que te detuvieses, miran
mis ojos tu faz hermosa
descollarse por encima
de los montes. ¡Ay de mí,
que acosada y perseguida
de tantas penas, de tantas
ansias, de tantas impías
fortunas, contra mi honor
se han conjurado tus iras!
¿Qué he de hacer? ¿Dónde he de ir?
Si a mi casa determinan
volver mis erradas plantas,
será dar nueva mancilla
a un anciano padre mío,
que otro bien, otra alegría
no tuvo, sino mirarse
en la clara luna limpia
de mi honor, que hoy desdichado
tan torpe mancha le eclipsa.
Si dejo, por su respeto
y mi temor, afligida,
de volver a casa, dejo
abierto el paso a que diga
que fui cómplice en mi infamia;
y ciega y inadvertida
vengo a hacer de la inocencia
acreedora a la malicia.
¡Qué mal hice, qué mal hice
de escaparme fugitiva
de mi hermano! ¿No valiera
más que su cólera altiva

me diera la muerte, cuando
llegó a ver la suerte mía?
Llamarle quiero, que vuelva
con saña más vengativa,
y me dé muerte. Confusas
voces el eco repita,
diciendo...

CRESPO [*dentro*] Vuelve a matarme,
serás piadoso homicida;
que no es piedad, no, dejar
a un desdichado con vida.

ISABEL ¿Qué voz es esta, que mal
pronunciada y poco oída,
no se deja conocer?

CRESPO Dadme muerte, si os obliga
ser piadosos.

ISABEL ¡Cielos, cielos!
Otro la muerte apellida,
otro desdichado hay,
que hoy a pesar suyo viva.
Mas ¿qué es lo que ven mis ojos?

Descúbrese CRESPO *atado.*

CRESPO Si piedades solicita
cualquiera que aqueste monte
temerosamente pisa,
llegue a dar muerte... Mas ¡cielos!
¿qué es lo que mis ojos miran?

ISABEL Atadas atrás las manos
a una rigurosa encina...

CRESPO Enterneciendo los cielos
con las voces que apellida...

ISABEL ... mi padre está.

CRESPO ... mi hija viene.

ISABEL ¡Padre y señor!

CRESPO ¡Hija mía!
Llégate, y quita estos lazos.

ISABEL No me atrevo; que si quitan
los lazos, que te aprisionan,
una vez las manos mías,
no me atreveré, señor,
a contarte mis desdichas,
a referirte mis penas;
porque, si una vez te miras
con manos y sin honor,
me darán muerte tus iras,
y quiero, antes que las veas,
referirte mis fatigas.

CRESPO Detente, Isabel, detente.
No prosigas; que desdichas,
Isabel, para contarlas,
no es menester referirlas.

ISABEL Hay muchas cosas que sepas,
y es forzoso que al decirlas
tu valor se irrite, y quieras
vengarlas antes de oírlas.
Estaba anoche gozando
la seguridad tranquila,
que al abrigo de tus canas
mis años me prometían,
cuando aquellos embozados
traidores —que determinan
que lo que el honor defiende
el atrevimiento rinda—
me robaron; bien así,

como de los pechos quita
carnicero hambriento lobo
a la simple corderilla.
Aquel capitán, aquel
huésped ingrato, que el día
primero introdujo en casa
tan nunca esperada cisma
de traiciones y cautelas,
de pendencias y rencillas,
fue el primero que en sus brazos
me cogió, mientras le hacían
espaldas otros traidores,
que la bandera militan.
Aqueste intrincado, oculto
monte, que está a la salida
del lugar, fue su sagrado.
¿Cuándo de la tiranía
no son sagrado los montes?
Aquí ajena de mí misma
dos veces me miré, cuando
aun tu voz, que me seguía,
me dejó, porque ya el viento
a quien tus acentos fías,
con la distancia, por puntos
adelgazándose iba;
de suerte, que las que eran
antes razones distintas,
no eran voces, sino ríos;
luego en el viento esparcidas,
no eran voces, sino ecos
de unas confusas noticias;
como aquel que oye un clarín,
que, cuando dél se retira,
le queda por mucho rato,
si no el ruido, la noticia.
El traidor pues, en mirando
que ya nadie hay quien le siga,
que ya nadie hay que me ampare,
porque hasta la luna misma

ocultó entre pardas sombras,
o crüel o vengativa,
aquella ¡ay de mí! prestada
luz, que del sol participa,
pretendió (¡ay de mí otra vez
y otras mil!) con fementidas
palabras buscar disculpa
a su amor. ¿A quién no admira
querer de un instante a otro
hacer la ofensa caricia?
¡Mal haya el hombre, mal haya
el hombre, que solicita
por fuerza ganar un alma!
Pues no advierte, pues no mira,
que las vitorias de amor
no hay trofeo en que consistan,
sino en granjear el cariño
de la hermosura que estiman;
porque querer sin el alma
una hermosura ofendida,
es querer una belleza,
hermosa, pero no viva.
¡Qué ruegos, qué sentimientos,
ya de humilde, ya de altiva,
no le dije! Pero en vano;
pues ¡calle aquí la voz mía!,
soberbio ¡enmudezca el llanto!,
atrevido ¡el pecho gima!,
descortés ¡lloren los ojos!,
fiero, ¡ensordezca la envidia!,
tirano, ¡falte el aliento!,
osado, ¡luto me vista!...,
y si lo que la voz yerra,
tal vez el acción explica.
De vergüenza cubro el rostro,
de empacho lloro ofendida,
de rabia tuerzo las manos,
el pecho rompo de ira.
Entiende tú las acciones;

pues no hay voces que lo digan.
Baste decir que a las quejas
de los vientos repetidas,
en que ya no pedía al cielo
socorro, sino justicia,
salió el alba, y con el alba,
trayendo a la luz por guía,
sentí ruido entre unas ramas.
Vuelvo a mirar quién sería,
y veo a mi hermano, ¡ay cielos!
¿Cuándo, cuándo, ¡ah suerte impía!
llegaron a un desdichado
los favores con más prisa?
Él, a la dudosa luz
que, si no alumbra, domina,
reconoce el daño antes
que ninguno se le diga
—que son lince los pesares,
que penetran con la vista—.
Sin hablar palabra, saca
el acero, que aquel día
le ceñiste. El capitán,
que el tardo socorro mira
en mi favor, contra el suyo
saca la blanca cuchilla.
Cierra el uno con el otro;
este repara, aquel tira;
y yo, en tanto que los dos
generosamente lidian,
viendo temerosa y triste,
que mi hermano no sabía,
si tenía culpa o no,
por no aventurar mi vida
en la disculpa, la espalda
vuelvo, y por la entretejida
maleza del monte huyo;
pero no con tanta prisa,
que no hiciese de unas ramas
intrincadas celosías;

porque deseaba, señor,
saber lo mismo que huía.
A poco rato mi hermano
dio al capitán una herida.
Cayó. Quiso asegurarle...
cuando los que ya venían
buscando a su capitán,
en su venganza se incitan.
Quiere defenderse; pero
viendo que era una cuadrilla,
corre veloz. No le siguen,
porque todos determinan
más acudir al remedio,
que a la venganza que incitan.
En brazos al capitán
volvieron hacia la villa,
sin mirar en su delito;
que en las penas sucedidas
acudir determinaron
primero a la más precisa.
Yo, pues, que atenta miraba
eslabonadas y asidas
unas ansias de otras ansias,
ciega, confusa y corrida,
discurrí, bajé, corrí,
sin luz, sin norte, sin guía,
monte, llano y espesura,
hasta que a tus pies rendida,
antes que me des la muerte,
te he contado mis desdichas.
Agora, que ya las sabes,
generosamente anima
contra mi vida el acero,
el valor contra mi vida;
que ya para que me mates
aquestos lazos te quitan
mis manos; alguno dellos
mi cuello infeliz oprima.

[*Desátale*]

Tu hija soy, sin honra estoy,
y tú libre; solicita
con mi muerte tu alabanza,
para que de ti se diga,
que, por dar vida a tu honor,
diste la muerte a tu hija.

[*Arrodíllase*]

CRESPO

Álzate, Isabel, del suelo;
no, no estés más de rodillas;
que a no haber estos sucesos
que atormentan y persigan,
ociosas fueran las penas,
sin estimación las dichas.
Para los hombres se hicieron,
y es menester que se impriman
con valor dentro del pecho.
Isabel, vamos aprisa;
demos la vuelta a mi casa;
que este muchacho peligra,
y hemos menester hacer
diligencias exquisitas,
por saber dél, y ponerle
en salvo.

ISABEL [*ap.*] (¡Fortuna mía,
o mucha cordura o mucha
cautela es esta!)

CRESPO Camina.
[*ap.*] (¡Vive Dios que si la fuerza
y necesidad precisa
de curarse hizo volver
al capitán a la villa,
que pienso que le está bien
morirse de aquella herida,
por excusarse de otra
y otras mil, que el ansia mía
no ha de parar hasta darle

la muerte!) ¡Ea! vamos, hija,
a nuestra casa.

Sale el escribano.

ESCRIBANO ¡Oh, señor,
Pedro Crespo! ¡Dadme albricias!

CRESPO ¿Albricias? ¿De qué, escribano?

ESCRIBANO El concejo aqueste día
os ha hecho alcalde, y tenéis
para estrena de justicia
dos grandes acciones hoy.
La primera es la venida
del Rey, que estará hoy aquí,
o mañana en todo el día,
según dicen; es la otra,
que agora han traído a la villa
de secreto unos soldados
a curarse con gran prisa
aquel capitán, que ayer
tuvo aquí su compañía.
Él no dice quién le hirió;
pero si esto se averigua,
será una gran causa.

CRESPO [*ap.*] (¡Cielos,
cuando vengarme imagina,
me hace dueño de mi honor
la vara de la justicia!
¿Cómo podré delinquir
yo, si en esta hora misma
me ponen a mí por juez,
para que otros no delincan?
Pero cosas como aquestas
no se ven con tanta prisa.)
[*al escribano*] En extremo agradecido

estoy a quien solicita
honrarme.

ESCRIBANO Vení a la casa
del concejo, y, recibida
la posesión de la vara,
haréis en la causa misma
averiguaciones.

CRESPO Vamos.
A tu casa te retira.

ISABEL ¡Duélase el cielo de mí!
Yo he de acompañarte.

CRESPO Hija,
ya tenéis el padre alcalde,
él os guardará justicia,

Vanse.

Salen el CAPITÁN *con banda, como herido, y el* SARGENTO.

CAPITÁN Pues la herida no era nada,
¿por qué me hicisteis volver
aquí?

SARGENTO ¿Quién pudo saber
lo que era antes de curada?

CAPITÁN Ya la cura prevenida,
hemos de considerar,
que no es bien aventurar
hoy la vida por la herida.

SARGENTO ¿No fuera mucho peor,
que te hubieras desangrado?

CAPITÁN Puesto que ya estoy curado,
detenernos será error.

Vámonos, antes que corra
voz de que estamos aquí.
¿Están ahí los otros?

SARGENTO
Sí.

CAPITÁN
Pues la fuga nos socorra
del rigor destos villanos,
que, si se llega a saber
que estoy aquí, habrá de ser
fuerza apelar a las manos.

Sale REBOLLEDO.

REBOLLEDO
La justicia aquí se ha entrado.

CAPITÁN
¿Qué tiene que ver conmigo
justicia ordinaria?

REBOLLEDO
Digo,
que hasta aquí ha llegado.

CAPITÁN
Nada me puede a mí estar
mejor, llegando a saber
que estoy aquí, y no temer
a la gente del lugar;
que la justicia es forzoso
remitirme en esta tierra
a mi consejo de guerra;
con que, aunque el lance es penoso,
tengo mi seguridad.

REBOLLEDO
Sin duda se ha querellado
el villano.

CAPITÁN
Eso he pensado.

ESCRIBANO [*dentro*]
Todas las puertas tomad,
y no me salga de aquí

soldado que aquí estuviere;
y al que salirse quisiere,
matadle.

CAPITÁN — Pues ¿cómo así
entráis? Mas... ¡qué es lo que veo!

Sale PEDRO CRESPO *con vara, y los que puedan.*

CRESPO — ¿Cómo no? A mi parecer,
la justicia ha menester
más licencia, a lo que creo.

CAPITÁN — ¿La justicia? cuando vos
de ayer acá lo seáis,
no tiene, si lo miráis,
que ver conmigo.

CRESPO — Por Dios,
señor, que no os alteréis;
que sólo a una diligencia
vengo, con vuestra licencia,
aquí, y que solo os quedéis
importa.

CAPITÁN [*a los soldados*] — ¡Salíos de aquí!

CRESPO [*al escribano*] — Salíos vosotros también.
Con esos soldados ten
gran cuidado.

ESCRIBANO — Harélo así.

Vanse [*excepto* CRESPO *y el* CAPITÁN]

CRESPO — Ya que yo, como justicia,
me valí de su respeto,

para obligaros a oírme,
la vara a esta parte dejo,
y como un hombre no más
deciros mis penas quiero.

Arrima la vara.

Y puesto que estamos solos,
señor don Álvaro, hablemos
más claramente los dos,
sin que tantos sentimientos,
como tienen encerrados
en las cárceles del pecho,
acierten a quebrantar
las prisiones del silencio.
Yo soy un hombre de bien;
que a escoger mi nacimiento,
no dejara, es Dios testigo,
un escrúpulo, un defecto
en mí, que suplir pudiera
la ambición de mi deseo.
Siempre acá entre mis iguales
me he tratado con respeto.
De mí hacen estimación
el cabildo y el concejo.
Tengo muy bastante hacienda,
porque no hay, gracias al cielo,
otro labrador más rico
en todos aquestos pueblos
de la comarca. Mi hija
se ha crïado, a lo que pienso,
con la mejor opinión,
virtud y recogimiento
del mundo–, tal madre tuvo,
¡téngala Dios en el Cielo!
Bien pienso que bastará,
señor, para abono de esto,
el ser rico, y no haber quien
me murmure, ser modesto,
y no haber quien me baldone;
y mayormente viviendo

en un lugar corto, donde
otra falta no tenemos
más que decir unos de otros
las faltas y los defetos;
y pluguiera a Dios, señor,
que se quedara en saberlos.
Si es muy hermosa mi hija,
díganlo vuestros extremos,
aunque pudiera, al decirlos,
con mayores sentimientos
llorar. Señor, ya esto fue
mi desdicha. No apuremos
toda la ponzoña al vaso;
quédese algo al sufrimiento.
No hemos de dejar, señor,
salirse con todo al tiempo;
algo hemos de hacer nosotros
para encubrir sus defetos.
Éste ya veis si es bien grande,
pues aunque encubrirle quiero,
no puedo; que sabe Dios,
que a poder estar secreto
y sepultado en mí mismo,
no viniera a lo que vengo;
que todo esto remitiera,
por no hablar, al sufrimiento.
Deseando pues remediar
agravio tan manifiesto,
buscar remedio a mi afrenta,
es venganza, no es remedio;
y vagando de uno en otro,
uno solamente advierto,
que a mí me está bien y a vos
no mal; y es, que desde luego
os toméis toda mi hacienda,
sin que para mi sustento
ni el de mi hijo (a quien yo
traeré a echar a los pies vuestros)
reserve un maravedí,

sino quedarnos pidiendo
limosna, cuando no haya
otro camino, otro medio
con que poder sustentarnos.
Y si queréis desde luego
poner una S y un clavo
hoy a los dos y vendernos,
será aquesta cantidad
más del dote que os ofrezco.
Restaurad una opinión,
que habéis quitado. No creo,
que desluzcáis vuestro honor,
porque los merecimientos,
que vuestros hijos, señor,
perdieren, por ser mis nietos,
ganarán con más ventaja,
señor, con ser hijos vuestros.
En Castilla, el refrán dice,
que el caballo —y es lo cierto—
lleva la silla. Mirad,
que a vuestros pies os lo ruego

Híncase de rodillas.

de rodillas y llorando
sobre estas canas que el pecho,
viendo nieve y agua, piensa,
que se me están derritiendo.
¿Qué os pido? Un honor os pido,
que me quitasteis vos mesmo;
y con ser mío, parece,
según os lo estoy pidiendo
con humildad, que no os pido
lo que es mío, sino vuestro.
Mirad, que puedo tomarle
por mis manos, y no quiero,
sino que vos me lo deis.

CAPITÁN [*ap.*] (¡Ya me falta el sufrimiento!)
Viejo cansado y prolijo,
agradeced que no os doy

la muerte a mis manos hoy,
por vos y por vuestro hijo;
porque quiero que debáis
no andar con vos más crüel
a la beldad de Isabel.
Si vengar solicitáis
por armas vuestra opinión,
poco tengo que temer;
si por justicia ha de ser,
no tenéis jurisdicción.

CRESPO ¿Que en fin no os mueve mi llanto?

CAPITÁN Llantos no se han de creer
de viejo, niño y mujer.

CRESPO ¿Que no pueda dolor tanto
mereceros un consuelo?

CAPITÁN ¿Qué más consuelo queréis,
pues con la vida volvéis?

CRESPO Mirad que echado en el suelo
mi honor a voces os pido.

CAPITÁN ¡Qué enfado!

CRESPO Mirad que soy
alcalde en Zalamea hoy.

CAPITÁN Sobre mí no habéis tenido
jurisdicción. El consejo
de guerra enviará por mí.

CRESPO ¿En eso os resolvéis?

CAPITÁN Sí,
caduco y cansado viejo.

CRESPO ¿No hay remedio?

CAPITÁN El de callar
es [el] mejor para vos.

CRESPO ¿No otro?

CAPITÁN No.

CRESPO [Pues] ¡juro a Dios,
que me lo habéis de pagar!
¡Hola!

Toma la vara.

ESCRIBANO ¿Señor?

Salen los villanos.

CAPITÁN ¿Qué querrán
estos villanos hacer?

ESCRIBANO ¿Qué es lo que manda?

CRESPO Prender
mando al señor capitán.

CAPITÁN ¡Buenos son vuestros extremos!
Con un hombre como yo,
en servicio del Rey, no
se puede hacer.

CRESPO Probaremos.
De aquí, si no es preso o muerto,
no saldréis.

CAPITÁN Yo os apercibo
que soy un capitán vivo.

CRESPO ¿Soy yo acaso alcalde muerto?
Daos al instante a prisión.

CAPITÁN [*ap.*] (No me puedo defender,
fuerza es dejarme prender.)
Al Rey de esta sinrazón
me quejaré.

CRESPO Yo también
de esotra; y aun bien que está
cerca de aquí, y nos oirá
a los dos. Dejar es bien
esa espada.

CAPITÁN No es razón
que...

CRESPO ¿Cómo no, si vais preso?

CAPITÁN Tratad con respeto.

CRESPO Eso
está muy puesto en razón.
Con respeto le llevad
a las casas en efeto
del concejo, y con respeto
un par de grillos le echad
y una cadena, y tened
con respeto gran cuidado,
que no hable a ningún soldado.
Y a todos también poned
en la cárcel, que es razón,
y aparte, porque después
con respeto a todos tres
les tomen la confesión.
(Y aquí, para entre los dos,
si hallo harto paño, en efeto
con muchísimo respeto
os he de ahorcar, juro a Dios!)

Llévanle preso.

CAPITÁN ¡Ah villanos con poder!

Vanse.

Salen REBOLLEDO, CHISPA, *el* ESCRIBANO *y* CRESPO.

ESCRIBANO Este paje, este soldado,
son los que mi cüidado
sólo ha podido prender;
que otro se puso en hüida.

CRESPO Este el pícaro es que canta.
Con un paso de garganta
no ha de hacer otro en su vida.

REBOLLEDO ¿Pues qué delito es, señor,
el cantar?

CRESPO Que es virtud siento,
y tanto, que un instrumento
tengo en que cantéis mejor.
Resolveos a decir...

REBOLLEDO ¿Qué?

CRESPO cuanto anoche pasó...

REBOLLEDO Tu hija, mejor que yo,
lo sabe.

CRESPO —... o has de morir.

CHISPA Rebolledo, determina
negarlo punto por punto;
serás, si niegas, asunto
para una jacarandina,
que cantaré.

CRESPO ¿A vos, después,
quién otra os ha de cantar?

CHISPA A mí no me pueden dar
tormento.

CRESPO Sepamos, pues,
por qué.

CHISPA Esto es cosa asentada,
y que no hay ley que tal mande.

CRESPO ¿Qué causa tenéis?

CHISPA Bien grande.

CRESPO ¿Decid, cuál?

CHISPA Estoy preñada.

CRESPO [*ap.*] (¡Hay cosa más atrevida!
mas la cólera me inquieta.)
¿No sois paje de jineta?

CHISPA No, señor, sino de brida.

CRESPO Resolveos a decir
vuestros dichos.

CHISPA Sí diremos,
y aún más de lo que sabemos;
que peor será morir.

CRESPO Eso excusará a los dos
del tormento.

CHISPA Si es así,
pues para cantar nací,
he de cantar, vive Dios.
[*canta*] *¡Tormento me quieren dar!*

REBOLLEDO [*canta*] *Y ¿qué quieren darme a mí?*

CRESPO ¿Qué hacéis?

CHISPA Templar desde aquí,
pues que vamos a cantar.

Vanse.

Sale JUAN.

JUAN Desde que al traidor herí
en el monte, desde que
riñendo con él, porque
llegaron tantos, volví
la espalda, el monte he corrido,
la espesura he penetrado,
y a mi hermana no he encontrado.
En efecto, me he atrevido
a venirme hasta el lugar,
y entrar dentro de mi casa,
donde todo lo que pasa
a mi padre he de contar.
Veré lo que me aconseja
que haga, cielos, en favor
de mi vida y de mi honor.

Salen ISABEL *y* INÉS.

INÉS Tanto sentimiento deja;
que vivir tan afligida,
no es vivir, matarte es.

ISABEL Pues ¿quién te ha dicho ¡ay Inés?
que no aborrezco la vida?

JUAN Diré a mi padre... ¡Ay de mí!
¿No es ésta Isabel? Es llano,
pues ¿qué espero?

[*saca la daga*]

INÉS ¡Primo!

ISABEL ¡Hermano!
¿Qué intentas?

JUAN Vengar así
la ocasión, en que hoy has puesto
mi vida y mi honor.

ISABEL ¡Advierte!...

JUAN Tengo de darte la muerte,
¡viven los cielos!

Sale CRESPO.

CRESPO ¿Qué es esto?

JUAN Es satisfacer, señor,
una injuria, y es vengar
una ofensa, y castigar...

CRESPO Basta, basta; que es error
que os atreváis a venir...

JUAN [*ap.*] (¿Qué es lo que mirando estoy?)

CRESPO ...delante así de mí hoy,
acabando ahora de herir
en el monte un capitán.

JUAN Señor, si le hice esa ofensa,
que fue en honrada defensa
de tu honor.

CRESPO ¡Ea, basta, Juan!
—¡Hola!
¡Llevadle también preso!

JUAN ¿A tu hijo, señor,
tratas con tanto rigor?

CRESPO
Y aun a mi padre también
con tal rigor le tratara.
[*ap.*] (Aquesto es asegurar
su vida, y han de pensar,
que es la justicia más rara
del mundo.)

JUAN
Escucha por qué
habiendo un traidor herido,
a mi hermana he pretendido
matar también...

CRESPO
Ya lo sé.
Pero no basta sabello
yo como yo, que ha de ser
como alcalde, y he de hacer
información sobre ello;
y hasta que conste, qué culpa
te resulta del proceso,
tengo de tenerte preso.
[*ap.*] (Yo le hallaré la disculpa.)

JUAN
Nadie entender solicita
tu fin, pues sin honra ya
prendes a quien te la da,
guardando a quien te la quita.

Llévanle preso.

CRESPO
Isabel, entra a firmar
esta querella, que has dado
contra aquel que te ha injuriado.

ISABEL
¿Tú, que quisiste ocultar
nuestra ofensa, eres agora
quien más trata publicalla?
Pues no consigues vengalla,
consigue el callalla agora.

CRESPO
Que ya que, como quisiera,
me quita esta obligación,
satisfacer mi opinión
ha de ser de esta manera.

Vase. [*Isabel*]

Inés, pon ahí esa vara;
pues que por bien no ha querido
ver el caso conclüido,
[querrá] por mal.

DON LOPE [*dentro*]
¡Para, para!

CRESPO
¿Qué es aquesto? ¿Quién, quién hoy
se apea en mi casa así?
Pero ¿quién se ha entrado aquí?

Sale DON LOPE.

DON LOPE
¡Oh Pedro Crespo! Yo soy,
que, volviendo a este lugar
de la mitad del camino,
donde me trae –imagino–
un grandísimo pesar,
no era bien ir a apearme
a otra parte, siendo vos
tan mi amigo.

CRESPO
¡Guárdeos Dios!
que siempre tratáis de honrarme.

DON LOPE
Vuestro hijo no ha parecido
por allá.

CRESPO
Presto sabréis
la ocasión. La que tenéis,
señor, de haberos venido,
me haced merced de contar;
que venís mortal, señor.

DON LOPE La desvergüenza es mayor,
que se puede imaginar.
Es el mayor desatino,
que hombre ninguno intentó.
Un soldado me alcanzó,
y me dijo en el camino...
¡Que estoy perdido, os confieso,
de cólera!...

CRESPO Proseguí.

DON LOPE ...que un alcaldillo de aquí
al capitán tiene preso;
y ¡voto a Dios! no he sentido
en toda aquesta jornada
esta pierna excomulgada,
sino es hoy, que me ha impedido
el haber antes llegado
donde el castigo le dé.
¡Voto a Jesucristo, que
al grande desvergonzado
a palos le he de matar!

CRESPO Pues habéis venido en balde;
porque pienso, que el alcalde
no se los dejará dar.

DON LOPE Pues dárselos sin que deje
dárselos.

CRESPO Malo lo veo;
ni que haya en el mundo creo,
quien tan mal os aconseje.
¿Sabéis por qué le prendió?

DON LOPE No; mas sea lo que fuere,
justicia la parte espere
de mí; que también sé yo
degollar, si es necesario.

CRESPO Vos no debéis de alcanzar,
señor, lo que en un lugar
es un alcalde ordinario.

DON LOPE ¿Será más de un villanote?

CRESPO Un villanote será,
que, si cabezudo da
en que ha de dalle garrote,
¡par Dios!, se salga con ello.

DON LOPE No se saldrá tal, ¡par Dios!
y si por ventura vos,
si sale o no, queréis vello,
decidme do vive o no.

CRESPO Bien cerca vive de aquí.

DON LOPE Pues a decirme vení
quién es el alcalde.

CRESPO Yo.

DON LOPE ¡Voto a Dios, que lo sospecho!

CRESPO ¡Voto a Dios, como os lo he dicho!

DON LOPE Pues, Crespo, lo dicho dicho.

CRESPO Pues, señor, lo hecho hecho.

DON LOPE Yo por el preso he venido,
y a castigar este exceso.

CRESPO Pues yo acá le tengo preso
por lo que acá ha sucedido.

DON LOPE ¿Vos sabéis que a servir pasa
al Rey, y soy su juez yo?

CRESPO ¿Vos sabéis que me robó
a mi hija de mi casa?

DON LOPE ¿Vos sabéis que mi valor
dueño desta causa ha sido?

CRESPO ¿Vos sabéis cómo atrevido
robó en un monte mi honor?

DON LOPE ¿Vos sabéis cuánto os prefiere
el cargo que he gobernado?

CRESPO ¿Vos sabéis que le he rogado
con la paz, y no la quiere?

DON LOPE ¿Que os entráis, no es bien se arguya,
en otra jurisdicción?

CRESPO Él se me entró en mi opinión,
sin ser jurisdicción suya.

DON LOPE Yo os sabré satisfacer,
obligándome a la paga.

CRESPO Jamás pedí a nadie, que haga
lo que yo me pueda hacer.

DON LOPE Yo me he de llevar el preso;
ya estoy en ello empeñado.

CRESPO Yo por acá he sustanciado
el proceso.

DON LOPE ¿Qué es proceso?

CRESPO Unos pliegos de papel,
que voy juntando, en razón
de hacer la averiguación
de la causa.

DON LOPE
Iré por él
a la cárcel.

CRESPO
No embarazo
que vais, solo se repare,
que hay orden, que al que llegare
le den un arcabuzazo.

DON LOPE
Como a esas balas estoy
enseñado yo a esperar...
[*ap.*] (Mas no se ha de aventurar
nada en el acción de hoy.)
¡Hola, soldado!
Id volando,
y a todas las compañías,
que alojadas estos días
han estado, y van marchando,
decid, que bien ordenadas
lleguen aquí en escuadrones,
con balas en los cañones,
y con las cuerdas caladas.

SOLDADO 1.º
No fue menester llamar
la gente; que habiendo oído
aquesto que ha sucedido,
se ha entrado en el lugar.

DON LOPE
Pues ¡voto a Dios, que he de ver,
si me dan el preso o no!

CRESPO
Pues ¡voto a Dios, que antes yo
haré lo que se ha de hacer!

Éntranse.

Tocan cajas, y dicen dentro.

DON LOPE
Ésta es la cárcel, soldados,
adonde está el capitán.

Si no os le dan, al momento
poned fuego y la abrasad.
Y si se pone en defensa
el lugar, todo el lugar.

ESCRIBANO — Ya, aunque rompan la cárcel
no le darán libertad.

DON LOPE — ¡Mueran aquestos villanos!

CRESPO — ¿Que mueran? Pues ¿qué? ¿no hay
más?

DON LOPE — Socorro les ha venido.
¡Romped la cárcel, llegad,
romped la puerta!

Sale el REY. *Todos se descubren y* DON LOPE.

REY — ¿Qué es esto?
Pues ¿de esta manera estáis,
viniendo yo?

DON LOPE — Ésta es, señor,
la mayor temeridad
de un villano, que vio el mundo.
Y ¡vive Dios! que a no entrar
en el lugar tan aprisa,
señor, Vuestra Majestad,
que había de hallar luminarias
puestas por todo el lugar.

REY — ¿Qué ha sucedido?

DON LOPE — Un alcalde
ha prendido un capitán,
y viniendo yo por él
no le quieren entregar.

REY — ¿Quién es el alcalde?

CRESPO — Yo.

REY — ¿Y qué disculpa me dais?

CRESPO — Este proceso, en que bien
probado el delito está,
digno de muerte por ser
una doncella robar,
forzarla en un despoblado,
y no quererse casar
con ella, habiendo su padre
rogádole con la paz.

DON LOPE — Éste es el alcalde, y es
su padre.

CRESPO — No importa en tal
caso; porque, si un extraño
se viniera a querellar,
¿no había de hacer justicia?
Sí. ¿Pues qué más se me da
hacer por mi hija lo mismo
que hiciera por los demás?
Fuera de que, como he preso
un hijo mío, es verdad
que no escuchara a mi hija,
pues era la sangre igual.
Mírese, si está bien hecha
la causa; miren, si hay
quien diga que yo haya hecho
en ella alguna maldad,
si he inducido algún testigo,
si está algo escrito demás
de lo que he dicho, y entonces
me den muerte.

REY — Bien está
sustanciado. Pero vos
no tenéis autoridad

de ejecutar la sentencia,
que toca a otro tribunal.
Allá hay justicia, y así
remitid el preso.

CRESPO
Mal
podré, señor, remitirle;
porque, como por acá
no hay más, que sola una audiencia,
cualquier sentencia que hay
la ejecuta ella; y así,
ésta ejecutada está.

REY
¿Qué decís?

CRESPO
Si no creéis
que es esto, señor, verdad,
volved los ojos, y vedlo.
Aqueste es el capitán.

Aparece dado garrote en una silla el CAPITÁN.

REY
Pues ¿cómo así os atrevisteis?

CRESPO
Vos habéis dicho que está
bien dada aquesta sentencia,
luego esto no está hecho mal.

REY
¿El consejo no supiera
la sentencia ejecutar?

CRESPO
Toda la justicia vuestra
es sólo un cuerpo no más;
si éste tiene muchas manos,
decid, ¿qué más se me da
matar con aquesta un hombre,
que esotra había de matar?
Y ¿qué importa errar lo menos,
quien acertó lo demás?

REY
Pues ya que aquesto sea así,
¿por qué, como a capitán
y caballero, no hicisteis
degollarle?

CRESPO
¿Eso dudáis?
Señor, como los hidalgos
viven tan bien por acá,
el verdugo que tenemos
no ha aprendido a degollar;
y esa es querella del muerto,
que toca a su autoridad,
y hasta que él mismo se queje,
no les toca a los demás.

REY
Don Lope, aquesto ya es hecho,
bien dada la muerte está;
que no importa errar lo menos
quien acertó lo demás.
Aquí no quede soldado
ninguno, y haced marchar
con brevedad; que me importa
llegar presto a Portugal.
Vos, por alcalde perpetuo
de aquesta villa os quedad.

CRESPO
Sólo vos a la justicia
tanto supierais honrar.

[*Vanse todos, excepto* DON LOPE *y* CRESPO].

DON LOPE
Agradeced al buen tiempo
que llegó Su Majestad.

CRESPO
¡Par Dios!, aunque no llegara
no tenía remedio ya.

DON LOPE
¿No fuera mejor hablarme,
dando el preso, y remediar
el honor de vuestra hija?

CRESPO Un convento tiene ya
elegido y tiene esposo,
que no mira en calidad.

DON LOPE Pues dadme los demás presos.

CRESPO Al momento los sacad.

DON LOPE Vuestro hijo falta; porque
siendo mi soldado ya,
no ha de quedar preso.

CRESPO Quiero
también, señor, castigar
el desacato que tuvo
de herir a su capitán;
que, aunque es verdad que su honor
a esto le pudo obligar,
de otra manera pudiera.

DON LOPE Pero Crespo... ¡bien está!
Llamalde.

Sale JUAN.

CRESPO Ya él está aquí.

JUAN Las plantas, señor, me dad;
que a ser vuestro esclavo iré.

REBOLLEDO Yo no pienso ya cantar
en mi vida.

CHISPA Pues yo sí,
cuantas veces a mirar
llegue al pasado instrumento.

CRESPO Con que fin el autor da
a esta historia verdadera.
Los defetos perdonad.

Notas al texto en

El alcalde de Zalamea

9. *caja*: «Se llama también el tambor, especialmente entre los soldados» *(Aut.)*.

21. *comisario*. El *Dicc. Aut.* explica el valor de este término en la época, de la manera siguiente: «En la milicia eran unos ministros subalternos del veedor general y hoy de los Intendentes, destinados en los ejércitos, provincias y plazas para pasar muestra o revista a los cuerpos o regimientos de infantería y caballería, y reconocer si están completos y evitar los fraudes que suele haber».

28. *concejo*, equivale a Ayuntamiento.

32. *menguados*, en el sentido de «hombres de poco ánimo, pusilánimes o cobardes».

35-36. Se juega con el doble sentido de la palabra *orden* (mandato y organización religiosa). Las órdenes monacales disponían de bienes propios y otorgados, mientras que las mendicantes, como la misma palabra lo dice, de las limosnas.

38. *Zalamea*. Hoy Zalamea de la Serena, en la provincia de Badajoz.

43. *tornillazo*. Derivado de *tornillero*, lo mismo que «desertor». El *tornillo* era la fuga o deserción del soldado. (Vid. *Aut.*).

49. *cabo*, tenía el sentido de «jefe que mandaba unos soldados», independientemente de su cargo en la milicia, pero era por lo general un alto oficial de la misma.

50. Lope de Figueroa fue un personaje de existencia real. Estuvo en los tercios de Flandes con el Duque de Alba e igualmente en Italia. También participó en la conquista de Portugal, en la batalla de Lepanto y en la guerra contra los moriscos. Calderón en *Amar después de la muerte o El Tuzaní de las Alpujarras* lo hace aparecer como personaje, aunque con menor relevancia dramática que aquí.

54. Creo que aquí conviene mejor el sentido que da Covarrubias, que no las acepciones más modernas desde el *Aut.* hasta hoy. Así sería *desalmado* el hombre «que no cura de vivir como hombre de razón, sino que se deja llevar por sus pasiones» *(Covarr.)*.

55. *renegado*, aquí equivale a «maldiciente».

58. *fulminar el proceso* «es hacerle y sustanciarle hasta ponerle en estado de sentencia» *(Aut.)*.

59. *Vusted* es lo mismo que «usted», forma previa a esta última en el proceso de modernización del término «vuestra merced».

65. *Seor*, forma popular, apócope de «señor».

66. *vuecé*, es lo mismo que «usted» (Vid. nota al v. 59), «en el siglo XVII estas últimas formas eran propias de criados y bravucones; sólo después hubo de generalizarse *usted*» (Vid. *Historia de la lengua española* de Rafael Lapesa, Madrid, Gredos, 1981, p. 392).

68. *barbada el alma nací*, equivale a que nació ya como persona valerosa. Como la barba es propia del hombre, «barbado» se entiende por varonil.

80. Evidente equívoco intencionado provocado por el autor al jugar con el doble significado de *regla* («justicia» y «menstruación»).

84. *postema* o *apostema* es definido en sentido real por el *Aut.* como «humor acre». Aquí tiene un claro sentido figurado derivado de aquél.

96. *castañeta* lo mismo que *castañuela* o, en su lugar, el ruido semejante que se hace con los dedos al bailar.

97. En ed. de 1651: «ayudere» (*sic*, por errata).

102. *jacarandana*, luego *jacarandina* son derivados de *jácara*, que era un baile sobre temas rufianescos. La *jacarandana* será pues la reunión de los matones o rufianes, a los que también se llamaba *jaques*. La *jácara* se constituyó, como es bien sabido, en un género teatral y poético de tema rufianesco.

103. Los versos que siguen forman una jácara con tópicos al uso sobre la cobardía y antiheroísmo de los soldados. Fue tema muy característico del género. La vida antiheroica del soldado fue magistralmente reflejada en *Estebanillo González*, algunos de cuyos capítulos forman una verdadera jácara novelada.

129. *ucé*. Vid. notas a los vv. 59 y 66.

151. *podías*. En ed. de 1651 «podáis», por errata.

152. *vítor* o *víctor* era una interjección de alegría.

217 y ss. Calderón debió de interesarse en gran manera por el *Quijote*, puesto que aludió con frecuencia a esta obra e incluso llegó a escribir una comedia sobre el tema, desgraciadamente perdida hasta hoy.

* *figura*. «Se llama jocosamente al hombre entonado, que afecta gravedad en sus acciones y palabras». «Por extensión se toma por hombre ridículo, feo y de mala traza» *(Aut.)*. De ahí deriva *figurón*, que constituiría en el teatro un tipo característico.

225. *Rodado*. Juega el autor con el equívoco del significado dual del término (color del caballo blanco con manchas negras/caído).

236. El usar *palillo* era signo de afectación entre los hidalgos pobres para dar a entender que no les faltaba que comer.

243. En ed. de 1651 «*le* sustentaré».

256. *cas*, vulgarismo por casa.

264. *exempción*, igual a «exención». Conservamos la ortografía del original, de sabor más antiguo.

283. *mesa divina.* Valbuena Briones y Díez Borque sugieren la posibilidad de que se refiera al altar. Domingo Yuduráin en su reciente edición (Planeta, 1982) dice que es mesa divina «porque es eterna ya que no tiene principio (antes, aperitivos o entradas) ni fin (postre)». Sin descartar ninguna de estas posibilidades nos inclinamos por la acepción más concreta del sacramento eucarístico a que alude, por otra parte, *Aut.* en una de sus acepciones, ya que altar es un lugar no un manjar, y el contenido no se aviene tampoco con el concepto de «eternidad», sino más bien al de alimento de materia nula o escasa (tampoco tiene «medios»). El contexto que sigue «Esto después se convierte/en su propria carne y sangre» (vv. 291-292) nos hace pensar que la acepción preferida por nosotros está más cerca de la verdad.

305. *greda*, especie de arcilla arenosa que se usaba —y se usa hoy aún en algunos sitios— para quitar las manchas.

336 y ss. Alude a la costumbre de la época por la que las doncellas abandonadas por sus amantes solían ingresar en algún convento y más si eran de cierta alcurnia.

344-346. Los refranes eran propios de lacayos, como hasta la saciedad tipificó burlescamente Cervantes en la figura de Sancho. El refrán aquí aludido lo registra Correas con algunas variantes: «Haz lo que te mande tu amo y sentarte has con él en el escaño», «Haz lo que te mande tu señor y sentarte has con él al sol», «Haz lo que tu amo te manda y sentarte has con él a la tabla», «Haz lo que tu amo te manda y siéntate con él a la mesa», (Gonzalo

Correas, *Vocabulario de refranes...* Bordeaux, 1967, pp. 581-582).

360. *me ofende.* En ed. de 1651: «me ofendes» (*sic.*).

366. *Donaire.* Además del sentido general de «gracia» y «viveza», en la frase *hacer donaire de alguna cosa* significaba «no hacer caso de ella, desestimarla y tenerla en poco» *(Aut.)*, que es el significado que aquí conviene.

411. *fantasma.* Aun aplicado a un sujeto masculino se conservaba la forma con artículo y adjetivo femeninos en voces como *fantasma*, *cisma*, *centinela*, etc.

426. *parva* es la «mies tendida en la era para trillarla» *(Aut.)*.

433. *bielgo*, lo mismo que *bieldo*, es el instrumento corriente para separar la paja del grano.

439. *trojes*, *Troj* o *troje* es el lugar donde se recoge el trigo.

448. *si lo pagaste.* La concordancia adecuada sería *si los pagaste.*

533. Vid. nota al v. 50.

581. *tocado* (*sic.*), puede corregirse por *topado.* Vera Tassis sustituye por *encontrado.*

596. *por tema* «oposición caprichosa con alguno» (*Aut.*).

611. *podiera* por «pudiera», puede ser errata, pero también un vulgarismo. Preferimos en caso de duda respetar las formas vulgares que pronuncian los personajes rústicos.

624. *boliche.* Era un juego de bolas que consistía en hacer entrar éstas por unos cañoncillos dispuestos en una mesa.

654. *costa.* En ed. de 1651 «consta».

665. *considera*. En ed. de 1651 «considero».

672. En ed. de 1651 «Ya no me llamará un (*sic.*) Bolichera».

683. *sagrado*. El lugar sagrado (iglesia) era habitual refugio inviolable (en teoría) en la época.

719. *alianza*. En ed. de 1651 «allianza» (*sic.*).

774. *hurgón* «se llama entre los guapos y espadachines, la estocada que se tira al cuerpo» (*Aut.*).

780. *quistión*, forma arcaica por «questión» o modernamente «cuestión». Además del significado habitual de «pregunta», podría tener el valor de «riña o pendencia», que es el sentido que aquí posee.

784. *rapagón*: «El mozo joven, que aún no le ha salido la barba y parece que está como rapado» (*Aut.*).

815. *tratos de cuerda*: «castigo militar, que se ejecuta atando las manos hacia atrás al reo, colgándole de ellas en una cuerda gruesa de cáñamo, con la cual le suben a lo alto, mediante una garrucha, y luego la sueltan para que baje de golpe sin que llegue a tocar al suelo» (*Aut.*).

866. *átomo*. En ed. de 1651 «atamo» (*sic.*), por errata.

900. *cautela*, aquí posee evidentemente el sentido de la acepción que registra *Aut.*: «Se toma también por astucia, maña y sutileza para engañar, usando de medios o palabras ambiguas y difíciles de conocer».

903-904. «hacer humo» es definido así por *Aut.*: «Metafóricamente vale hacer larga mansión en alguna parte».

913. *de una vez*. En ed. de 1651 «da una vez».

920. *no empañan*. Corregimos la errata de 1651: «no empeñan».

* Es precisa esta acotación.

936. *tema*, aquí tiene el sentido de «porfía, obstinación».

951. *guadarnés*, era el lugar destinado a guardar las armas, que luego se habría de llamar *armería*, como observa *Aut.*

1055. *alicantina*, voz de germanía que equivale a «malicia».

1056. *barato*: «La porción de dinero que da graciosamente el tahur o jugador que gana a los mirones o a las personas que le han servido en el juego» (*Aut.*). Debió ser una verdadera imposición para el ganador hasta época muy reciente. Recuérdese el magnífico artículo de Larra *Los barateros*, donde atestigua esta ridícula, pero a veces trágica, costumbre, de manera muy generalizada, especialmente en las cárceles.

1062. *puntos*. Juega con el doble valor del término (*puntos* en el juego y *puntos* para coser las heridas). El barbero en la época hacía las veces de cirujano y de dentista, además de la labor que le es propia.

1093-1094. *porque son en trastes*. Imagen derivada de la anterior (cítara): las guijas (o cantos) son como cuerdas templadas en los trastes de oro del agua. Probable alusión a las arenas doradas del fondo de la fuente. Creo que tiene razón D. Yudaráin cuando piensa que se trata de una fuente rústica de una casa de labor extremeña y que los escalones de la fuente son como los trastes de una vihuela o guitarra por los que corre el agua. Es evidentemente una imagen muy gongorina (Góngora utiliza el término *guijas* en varios lugares, que recordemos ahora en el poema que empieza «¡Mal haya al que en señores idolatra», v. 34, y en el *Polifemo*, estr. 60), por eso resulta chocante y pintoresca la rebuscada acepción de «guisantes» que pretende Díez Borque (vid, su ed. en Castalia, p. 203, nota 200), quizá por atenerse a la acepción que da *Aut.*, aunque olvidando que éste especifica que «es voz usada en Aragón y en La Mancha», y, sobre todo, por no caer en la cuenta de que los «trastes» y las «cuerdas» se refieren a la fuente (cítara), como advertimos el principio y como, por otra parte, es evidente.

1125. *por vidas...*, formas sustantivadas de juramentos (*por vida de..., voto a..., pese a...*) frecuentes en la época.

1231-1234. Romancillo muy conocido de Góngora. Algunos comentaristas (Valbuena Briones, Díez Borque) creen que es una variante de un refrán de Correas, pero ya Robert Jammes y Dámaso Alonso observaron que Correas incluyó en su obra estribillos leídos en Góngora. Dámaso Alonso afirma, por otra parte «según los datos que tenemos, es Góngora quien primero usa el que comentamos» (Vid. D. Alonso, *Góngora y el «Polifemo»*, Madrid, Gredos, 1974, p. 51, tomo II). Lope de Vega lo contrahizo a lo divino en *Los Pastores de Belén*. Calderón, por su parte, utilizó abundantes textos de Góngora como canciones y glosas, en su teatro, además de deberle una tamizada pero profunda influencia en su lenguaje poético.

1244. *rodelilla*, diminutivo de *rodela*, especie de escudo.

1267. *cenar no quiero*. En ed. de 1651 «cercar no quiero», evidente errata, que corregimos.

1282. *deshecha*: «la disimulación para encubrir lo hecho» (*Covarr.*).

1295. *jinete de la costa*. Según Covarrubias estos jinetes de las costas «pelean con lanza y adarga», es decir, que se distinguen de los demás por el tipo de armas. A ello parece aludir la Chispa.

* *adarga* era un escudo de cuero. Don Mendo, personaje de figura quijotesca, imitaba a los *jinetes de las costas*, y como el propio D. Quijote iba protegido de *adarga*.

1332. *la casa de los azumbres*. *Azumbre* era un tipo de medida de algunos líquidos, pero por antonomasia se refería a la del vino, como observa *Aut. La casa de los azumbres* sería por tanto la taberna.

1333. En ed. de 1651 *El garla* (*sic.*).

1346. *almagre* o *almagra* es una especie de arena rojiza por el óxido de hierro, que se emplea para teñir. Aquí se emplea en sentido figurado por «sangre».

1378. *ojeriza*: «enojo, encono y mala voluntad que se tiene a otro» (*Aut.*). Por otra parte es el significado habitual hoy día. Por consiguiente *lugar que está en ojeriza* parece ser el lugar que se halla en discordia, mejor que «mal de ojo» que interpreta Yudaráin (vid. su ed., pág. 83, nota 73), aunque a la postre los dos significados pueden converger.

1400. En ed. de 1651: «y mucho más...» (*sic.*).

1430. En ed. de 1651: «si puede...».

1431. En ed. de 1651: «aquesta hermosa...».

1491. En ed. de 1651: «al bárbaro» (*sic.*).

1498-1499. *paje de jineta*: «El que acompañaba al capitán llevando este distintivo de su empleo» (*Aut.*). *Jineta*: «Cierta especie de lanza corta con el hierro dorado, y una borla por guarnición, que en lo antiguo era insignia y distintivo de los capitanes de infantería».

1505. *que el amor...* Es un refrán que registra Correas con alguna variante.

1526. *bielgos.* Vid. nota al v. 433.

1544. *venera.* Entre otras acepciones, añade *Aut.* la siguiente, que conviene a este caso: «significa también la insignia, que suelen traer pendiente al pecho los caballeros de las órdenes militares».

1549. *patena*: «lámina o medalla grande, en que está esculpida alguna imagen que se pone al pecho y la usan por adorno las labradoras» (*Aut.*).

1554. *somos...* En ed. de 1651: «semos» (*sic.*).

1574. En ed. de 1651: «Decid por vida mía», lectura imposible por el número de sílabas.

1589. *desvanecido*, hoy diríamos «envanecido».

1591. *disinios*, forma vulgar de «designios».

1622. *enseñarse*. En ed. de 1651: «enseñarle».

1684. *diz que* equivale a «dicen que», como observa *Aut.*: «Contracción de las voces *dicen que*, usada muy frecuentemente para abreviar la locución».

1693. *visos*. De *viso* dice *Aut.*: «Se toma asimismo por la onda de resplandor que hacen algunas cosas heridas de la luz».

1800. *mayor planeta*. En la concepción antigua (ptolomeica) se consideraba al sol como uno de los siete planetas y, dentro de ellos, el mayor.

1810. *enorme*. En ed. de 1651: «inorme» (*sic.*).

1920. En ed. de 1651: «o oculto» (*sic.*).

1922. Vid. nota al v. 683.

1923. En ed. de 1651 «de la ira mía» (*sic.*).

1930. *por puntos*. Aunque *Aut.* recoge la acepción de «sin dilación», aquí parece convenir mejor el significado de «poco a poco» que le atribuye D. Yuduráin (vid. su ed., p. 112, nota 83).

1981. *empacho* es lo mismo que «turbación».

2023. *intrincadas.* En ed. de 1651 «intricadas» (*sic.*).

2047. *corrida* es lo mismo que «avergonzada». Todavía hoy se usa en ocasiones con este sentido.

2071. En ed. de 1651: «que atormentan y persiguan» (*sic.*).

2115. *vengarme imagina.* No corrijo como hace Valvuena Briones (*vengarte imaginas*), ni como Hartzenbusch (*vengarse imagina*) al que sigue Díez Borque, porque aunque el sujeto sobrentendido sea *honor,* como apunta este último, el texto de 1651 también admitiría esta posibilidad. D. Yuduráin tampoco corrige, creo que con acierto.

2145. En ed. de 1651: «desangardo» (*sic.*).

2152. *del rigor de estos villanos.* Así en el ejemplar que manejo de la Biblioteca Nacional de Madrid (signatura R-23.795). Las ediciones modernas que dicen seguir la primera (textos fijados por Valbuena Briones, Díez Borque, etc.) dicen: «del riesgo de estos villanos», que es justamente la lectura de Vera Tassis, que siguió también Hartzenbusch. Como quiera que los críticos mencionados no especifican qué ejemplar han manejado y no comentan esta variante hay que sospechar que han aceptado como buena la lectura de Vera Tassis, que aquí indudablemente no mejora el texto más antiguo.

2204. En ed. de 1651: «acierte».

2229. En ed. de 1651: «mormure» (*sic.*).

2276. La *s* y el clavo eran los signos con que se solía marcar a los esclavos.

2282. En ed. de 1651: «desluzáis» (*sic.*).

2288. Gonzalo Correas dice en su *Vocabulario*: «En Castilla el caballo lleva la silla, y en Portugal el caballo la ha de llevar». «Dícese por la hidalguía, que sigue la varonía». Es decir que la nobleza se hereda por vía de varón.

2305. *ya me falta el sufrimiento*, equivale a «ya me falta la paciencia». *Aut.* da la siguiente acepción de *sufrimiento*: «Paciencia, conformidad y tolerancia con que se sufre alguna cosa».

2375. *harto paño*, equivale a «suficientes motivos».

2384. *paso de garganta*: «inflexión de la voz o trinado en el cantar» (*Aut.*). Aquí parece jugar con el valor figurado de *cantar* (confesar) por medio de la tortura.

2405. En ed. de 1651 el texto lo atribuye a Rebolledo por error.

2408. *paje de jineta.* Vid. nota a los vv. 1498-1499. *Jineta* también significaba «cierto modo de andar a caballo recogidas las piernas en los estribos, al modo de los africanos» (*Aut.*). Esta acepción permite el posible chiste desvergonzado de la respuesta que da la Chispa en el verso siguiente.

2409. *de brida. Andar a la brida* es montar a caballo con los estribos largos, lo contrario que a la jineta. Hay que entender esta respuesta en el sentido figurado que indicamos en el verso anterior.

2434. En ed. de 1651: «ma aconseja» (*errata*).

* En ed. de 1651 dice la acotación: «Levándole (*sic.*) preso».

2501. En ed. de 1651: «quita por mal».

2519. *que venís mortal. Mortal* puede significar, según *Aut.* el que está con señas o apariencia de muerto.

2534. En ed. de 1651: «el no haber antes...».

2543. *Malo lo veo.* En ed. de 1651: «mal lo veo».

2559. En ed. de 1651: «No se saldrá tal Dios».

2572. *Pues yo acá...* En ed. de 1651: «yo acá...».

2582. *...os prefiriese. Preferir* aquí tiene el sentido de «aventajar».

2596-2597. *sustanciado/el proceso. Sustanciar* aquí posee el significado que atribuye *Aut.* a lo forense: «vale formar el proceso o la causa hasta ponerla en estado».

2617. *cuerdas caladas. Calar la cuerda* es «aplicar la mecha al mosquete para dispararle» (*Aut.*).

2663. ... *No importa.* En ed. de 1651: «No importara».

2758. *Llamalde* o *llamadle.* Era metátesis frecuente que duró hasta finales del siglo XVII.

EL GALÁN FANTASMA

PERSONAS

ASTOLFO, primer galán.
CARLOS
EL DUQUE DE SAJONIA
ENRIQUE barba
JULIA, primera dama
CANDIL, gracioso
LAURA, dama
OTAVIO
LEONELO
PORCIA, criada
LUCRECIA, criada
CRIADOS

[*La escena es en Sajonia, en la residencia del Soberano.*]

JORNADA PRIMERA

Salen JULIA, *dama y* PORCIA, *criada, con mantos, y* ASTOLFO.

ASTOLFO
De vuestras señas llamado,
de vuestra voz advertido,
hasta el campo os he seguido
ciego, confuso y turbado.
Sacad, pues, deste cuidado.
señora, el discurso mío:
si es por dicha desafío,
ya estamos en buen lugar;
bien podéis desanvainar
el garbo, el donaire, el brío,
que son las armas que vos
habéis contra mi desvelo
de esgrimir en este duelo.
Solos estamos los dos.
¡Descubríos ya, por Dios!
Sepa quién sois; que no es bien
matar con ventaja a quien
de vos se ha fiado hoy.

JULIA
Pues no dudéis más, yo soy.

ASTOLFO
Julia, señora, mi bien.

¡Tú en este traje! ¡Tú aquí!
¿Qué dicha u desdicha es mía?
Que si una duda tenía
sin verte, cuando te vi
son infinitas. ¡Tú así
has salido de tu casa!
El corazón se me abrasa.
¡Dime, por Dios, lo que ha sido!
¿Qué es esto? ¿Qué ha sucedido?

JULIA Oye, y sabrás lo que pasa.
Astolfo, en quien la fortuna
y el amor vieron iguales,
por descubrirse uno a otro
los gustos y los pesares,
no la novedad te admire,
no la extrañeza te espante
de verme, siendo quien soy,
venir en aqueste traje;
porque importando a tu vida,
el verte, ¡ay de mí!, y hablarte,
no hay respeto que no venza,
no hay decoro que no allane.
Tu vida importa, tu vida,
que hoy te vea y hoy te hable;
y así pasando al oído
la admiración del semblante,
oye el peligro en que vives,
aunque mezcle en un instante
las desventuras que ignoras
con las venturas que sabes.
Dos años ha, Astolfo mío,
que firme y rendido amante
de mi hermosura (que quiero
confesarla en esta parte),
fuiste de día y de noche
la estatua de mis umbrales,
el girasol de mis rayos
y la sombra de mi imagen,

tantos ha que agradecida
y que obligada a las partes
de lo sutil de tu ingenio,
de lo galán de tu talle,
de lo airoso de tu brío,
de lo ilustre de tu sangre,
respondí menos ingrata
que debiera aconsejarme
del decoro de mi honor
y del respeto de mi padre;
si bien decoro y respeto
no pudieron agraviarse
de que torpes sacrificios
sus sagradas aras manchen,
siendo yo tu esposa; pues
la causa de dilatarse
nuestra boda fue el rigor
de aquellas enemistades,
que a mi padre le costaron
tanto, que largas edades,
enterrado antes que muerto,
tuvo su casa por cárcel,
adonde preso murió.
Pero esto en silencio pase,
y volvamos a enlazar
discursos de amor; no hallen
digresiones mis desdichas,
que su remedio embaracen.
Agradecida, en efecto,
de tus finezas constantes,
cómplice a la noche hice
de hurtos de amor agradables,
y cómplice hice a un jardín;
que a los dos quise fiarme,
porque al jardín y a la noche,
que son el vistoso alarde,
ya de estrellas, ya de flores,
hiciera mal en negarles
a las unas lo que influyen

y a las otras lo que saben.
Viento en popa nuestro amor
navegaba hermosos mares
de rayos y de matices,
quieto el golfo y manso el aire.
¿Quién duda, quién, que han de ser
los celos los huracanes
que la tormenta despierten,
que la mareta levanten?
El gran Duque Federico
de Sajonia, que Dios guarde,
(o que no le guarde Dios,
si ha de ser para quitarme
mi media vida en la tuya),
acaso me vio una tarde
que al prado a verte salí:
barbarismo de amor grande,
salir a ver, y ser vista;
pues, mal gramático, sabe
persona hacer que padece
de la persona que hace.
Viome, en fin, y desde entonces
firme, rendido y constante,
si de día me visita,
de noche ronda mi calle.
Hartos enojos te cuesta
su cuidado vigilante;
mas como querido, en fe
de mis disculpas, trocaste
tus celos a mis favores:
no es mucho, si otros galanes,
por llegar al desenojo,
pasaran por el desaire.
Viendo el Duque que mi pecho
a los continuos embates
de lágrimas y suspiros
era roca de diamante,
pasando de enamorados
a celosos sus pesares,

averiguó que te quiero.
No sé a quién la culpa darle:
a sus celos o a mi amor,
pues ellos dos fueron parte
a decirlo; que no hay
amor ni celos que callen.
En fin, sabiendo (¡ay de mí!)
que eres tú (¡desdicha grande!)
la ocasión de sus desprecios,
la causa de mis desaires;
para vengarse de mí
en ti pretende vengarse,
matándome a mí en tu pecho.
¡Oh duelo de amor cobarde,
disponer que un hombre muera
porque una mujer no agravie!
Poderoso y ofendido,
¿quién ignora, quién no sabe,
que es rayo oprimido, que es
pólvora encerrada, que hace
en la mayor resistencia
la batería más grande?
Los avisos destos días,
que tan confuso te traen,
diciéndote que te ausentes,
diciéndote que te guardes,
suyos son; pero sabiendo
que dellos desprecios haces,
esta misma noche, ésta,
te espera para matarte.
Y así te ruego que no
vayas a verme, ni pases
cubierto ni descubierto
la esfera de mis umbrales.
Deja que por unos días,
sin que allí puedan hallarte,
se desmienta en la sospecha,
salga su recelo en balde.
Y, pues, que yo vengo así

a persuadirte, a rogarte,
Astolfo, que no me veas,
esposo, que no me hables,
menos harás tú en hacello;
y pues en extremos tales
yo ruego lo más difícil,
concede tú lo más fácil.

ASTOLFO

No sé cómo responder;
que no sé en acciones tales
si tengo que agradecerte,
o tengo de qué quejarme.
De una venenosa yerba
escriben los naturales
que donde hay llaga, la cura,
y donde no la hay, la hace.
Este mismo efecto, éste
quieres que en mi pecho cause
tu voz; pues si cuando estoy
herido de tantos males
suele curarme el dolor
solamente el escucharte;
hoy que tuve sano el pecho,
le hieres, para que labre
tu voz ahora la herida
que hubieras curado antes;
adonde hay celos, las curan;
donde no los hay, las hacen.
Y si quieres darme vida,
no de darme celos trates;
pues son piadosos rigores,
o rigurosas piedades,
darme tú misma la muerte
porque otro no me mate.
Dejárasme morir, Julia,
a su acero penetrante;
no a tu penetrante voz
viviera más el instante
que hay de tu voz a su acero;

que no es, no, piedad afable,
porque su espada no llegue
que la tuya se adelante.
Fuera de que no remedias
nada tú en aconsejarme
que no te vea, supuesto
que el decirme que no pase
de noche por tus jardines,
ni de día por tu calle,
es decirme que no salga
dellas un punto, un instante.
¡Vive Dios que he de saber
si el cuidado que te trae
a que tu casa no vea,
y a que tu jardín no ande,
es porque de tu jardín
y de tu casa las llaves
rendiste a mayor poder,
y a mayor fuerza entregaste!
Perdona desconfianza,
Julia mía, tan cobarde,
siendo quien eres, y siendo
yo quien soy, y no te espante;
que esto de andar desvalido
lo augusto, Julia, lo grande,
es bueno para las farsas
españolas, donde nadie
vio querido al poderoso.
Nada llega a aventurarse
en esto; pues o es mentira
o es verdad dolor tan grave.
Si es mentira, ¿qué aventuras
tú en que yo me desengañe?
Y si es verdad ¿qué aventuro
yo en que allí el Duque me halle,
pues el que me diere celos
no importará que me mate?

JULIA Astolfo, señor, bien mío,

¡que de esa manera agravies
las finezas de mi amor!

ASTOLFO Quererte no es agraviarte.

JULIA ¿Quién te ha dicho que es quererme
el querer aventurarte?

ASTOLFO Quien dice que no hay peligro
que a los celos acobarde.

JULIA Pues ¿qué viene esta fineza
a deberte?

ASTOLFO No olvidarte.

JULIA Cuanto más me obligas, más
me obligas a que te guarde,
y aquesto has de hacer por mí.
[*Llora.*]

ASTOLFO Detente, Julia, y no en balde
tantas perlas desperdicies
y tanto aljófar derrames;
que yo quiero obedecerte.
Digo que saldré esta tarde
de Sajonia, antes que el sol,
que ya entre pardos celajes
se desvanece, en las ondas
su dorado coche bañe.
Será la mayor fineza
volver la espalda, pues nadie
es más valiente que aquel
que con celos es cobarde.
¿Quieres más, Julia?

JULIA Ni tanto;
que no quiero yo que pase
de extremo a extremo tu amor.

Dentro, CARLOS.

Echa por aquesta parte.

JULIA
¡Ay de mí, que viene gente,
y no es bien que aquí me hallen!

ASTOLFO
Pues vete, que yo me quedo
a que no te siga nadie.
Pero dime: ¿en qué quedamos?

JULIA
En quererte mis pesares
retirado, mas no ausente.

(*Vase* JULIA)

ASTOLFO
¿Habrá quien nivele y tase
las acciones de un celoso,
los discursos de un amante?

Salen CARLOS *y* CANDIL.

CANDIL
Aquí está mi señor.

CARLOS
Dadme los brazos,
que de eterna amistad han de ser lazos
que ciñan nuestros cuellos.

ASTOLFO
Y el alma y vida en ellos.

CARLOS
Díjome ese criado,
preguntando por vos, cómo llamado
de una tapada fuisteis,
y que tras ella a este lugar salisteis;
y como receloso
estoy de vuestra vida y cuidadoso
por las necias porfías
de los muchos avisos destos días,
loco buscándoos vengo.

ASTOLFO
Es nueva obligación, Carlos, que os tengo;
mas aunque os trae tras
mí vuestro cuidado
con tanta priesa, tarde habéis llegado
a este verde desierto
a darme vida, porque ya estoy muerto.

CANDIL
¿Estás por dicha herido?

ASTOLFO
¡Pluguiera a Dios!

CARLOS
Pues ¿qué os ha sucedido?

ASTOLFO
Haber, Carlos, llegado
a estar de mi temor desengañado;
haber sabido mi infelice suerte
quién es quien solicita. ¡ay Dios!, mi muerte.

CARLOS
Más debiera, si llega a descubrirse,
aqueso agradecerse que sentirse.

ASTOLFO
¡Ay Carlos! No debiera
si es tal el golpe que mi pecho espera,
que sin defensa alguna
se ha de dejar llevar de su fortuna.

CARLOS
Ahora estoy más dudoso.
¿Quién es el enemigo?

ASTOLFO
Un poderoso.

CARLOS
Y al rigor que procura,
¿quién le ha dado ocasión?

ASTOLFO
Una hermosura.

CARLOS
O mienten mis recelos,
o esto es de Julia amor, del duque, celos.

ASTOLFO
Fácil era el sentido
de mi confuso enigma: el duque ha sido
quien de Julia celoso,
y quien de mí envidioso,
desta suerte ausentarme ha procurado.
Y Julia, temerosa, me ha mandado
que los avisos de mi muerte crea,
que ni la hable ni vea
porque ya es imposible
que entre en su casa yo (¡pena terrible!)
sin que entre (¡trance fuerte!)
tropezando en las sombras de mi muerte.

CARLOS
Pues ¿quién le ha descubierto
amor tan recatado y encubierto,
que sólo ese criado
y yo le hemos sabido?

ASTOLFO
A un desdichado,
¡ay Carlos!, ¿quién averiguarle puede
por dónde la desdicha le sucede?

CARLOS
Una pregunta quiero
haceros.

ASTOLFO
Yo satisfacerla espero.

CARLOS
Julia, ¿qué os ha mandado?

ASTOLFO
Que no la vaya a ver, por el cuidado
que ya a sus puertas Federico tiene.

CARLOS
Quedar solos los dos aquí conviene,
porque quiero fiaros un secreto
que me habéis de guardar.

ASTOLFO
Yo lo prometo.
Candil, vuélvete a casa,
y en ella esperarás.

CANDIL [*ap.*] ¿Qué es lo que pasa?
¿De mí se han recatado
el día que está el duque declarado?
Sin duda que han sabido
que yo quien le contó su amor he sido;
mas no, que no estuvieran
tan apacibles hoy, si lo supieran.
[*Vase*]

ASTOLFO En fin, todas mis penas y recelos
son que el paso han tomado ya los celos
del duque.

CARLOS De manera
que si de ver a Julia modo hubiera,
y pudiérais entrar a hablalla y vella,
y de día y de noche estar con ella,
sin que el duque celoso,
aunque siempre ofendido y cuidadoso,
a la puerta estuviera,
ni os viera ni os sintiera,
¿aquí vuestro cuidado
tuviera fin?

ASTOLFO Confuso y admirado,
esa proposición, Carlos, me tiene,
y divertir a un triste no conviene
así con lo imposible
pues no es posible hacerme a mí invisible.

CARLOS Oídme, Astolfo, y veréis la amistad mía,
cuánto de vos por daros vida fía.
Ya sabéis los grandes bandos,
Astolfo, que largo tiempo
todo el orbe alborotaron
con civiles guerras, siendo
Huelfo y Gebelino, dos
hermanos, cabezas dellos,
por quien dividida Italia

en domésticos encuentros,
fueron todos los linajes
ya Gebelinos, ya Huelfos.
Ya sabéis cómo a Sajonia
llegó este marcial incendio,
inficionando las casas
más nobles, a cuyo efecto
la heredada enemistad
aún hoy dura en nuestros pechos,
por ruina de aquel estrago,
por ceniza de aquel fuego.
Crotaldo, padre de Julia,
que es el divino sujeto
que adoráis, en quien juraron,
si de otros bandos me acuerdo,
aún más imposibles paces
la hermosura y el ingenio,
tomó la voz de una parte,
y de la otra parte Arnesto,
un deudo mío. No dudo
que sepáis a cuánto extremo
llegó este enojo en los dos;
mas aunque lo sepáis, quiero
referirlo, porque todo
importa para el suceso.
El día que a Federico,
generoso duque nuestro,
juró Sajonia por duque,
sobre el ocupar los puestos
de aquel acto, procurando
ser cada uno el primero,
en esa eminente plaza
se encontraron, cuyo extremo
llegó a ser público agravio
de uno de los dos; y puesto
que yo tiemblo de decirlo,
y aun de imaginarlo tiemblo,
bien se deja ver que fue
el agraviado mi deudo.

¿Para qué lo disimulo,
si balbuciente el afecto,
lo que callare la voz
lo diré con el silencio?
Dióle un bofetón Crotaldo
(¡ay de mí!) al anciano Arnesto,
en cuya gran confusión,
en cuyo notable estruendo,
aunque cumplió por entonces
desesperado y resuelto,
no quedó, a su parecer,
para después satisfecho;
necedad que hizo el valor
mal entendido, pues vemos
que no hay agravio delante
del que es soberano dueño,
y ya se sabe, que adonde
está el príncipe, no hay duelo
que a satisfacción obligue;
mas vive el honor compuesto
de una condición tal fácil,
que en su opinión, su concepto,
bastó haber imaginado
que fue agravio, para serlo.
El duque, que aún no tenía
bien fundado su derecho,
disimuló, porque ha sido
política de los reinos
entrar en ellos piadoso
para conservarse en ellos.
Y así por quietar no más
las opiniones del pueblo,
envió a su casa a Crotaldo,
adonde le tuvo preso
con tantas guardas, que nadie
le vio más desde el suceso
deste día, o porque fue
la prisión con tanto aprieto,
o porque el temor le tuvo

tan guardado y tan secreto.
De cuantas desdichas, cuantas
miserias, cuantos tormentos
padece un hombre infelice,
a ninguno, Astolfo, tengo
mayor lástima que a un noble
ofendido, en quien contemplo
amancillado el honor,
mal valido del esfuerzo.
Por Arnesto, en fin, lo digo,
pues imaginando Arnesto
varios modos de venganzas,
entró en mil trajes diversos
dentro de su misma casa,
pero nunca con efecto.
Y para que admiréis cuánto
dicta un agravio, dispuesto
se vio a hacer paso a su honor,
o penetrando o rompiendo
las entrañas de la tierra
por conseguir su deseo,
a pesar de las murallas
que se le ponían en medio.
Un ingeniero buscó,
que, en minar la tierra diestro,
facilitase a su agravio
lo imposible de su acero.
Y fiándose de mí,
por estar mi casa en puesto
más vecino a su esperanza,
más conveniente a su intento,
el hombre empezó desde ella
a delinear los modelos
con que tocase una mina
a su mismo cuarto; que esto
era en él fácil, porque
era de nación flamenco,
escuela donde el valor
pelea con el ingenio.

Y nivelando de día
las líneas y los tanteos,
las cavábamos de noche
con recato y con secreto.
¿Quién creerá que trabajando
en el más obscuro centro,
se enterrase el ofendido
por ver a su ofensor muerto?
Llegó la mina a su fin,
pero no llegó a su efecto;
pues el día de la noche
que ese horrible monstruo griego,
para abortarlos en rayos
preñado estaba de acero,
por las calles y las plazas
confusamente se oyeron,
todos hablando en Crotaldo,
nuevas de que había muerto.
Quedaron con este caso
frustrados nuestros intentos,
malogradas nuestras sañas,
postrados nuestros deseos;
porque el ofendido, ya
sin ofensor, conociendo
que en una hija no era
la venganza de provecho,
murió de melancolía
dentro de muy poco tiempo:
de suerte, que sin que nadie
pueda llegar a saberlo,
desde mi casa a la casa
de Julia una mina tengo,
tan fácil hoy de romperse,
que como avisada dello
esté Julia y sus criadas,
y con recato y secreto
la boca della se oculte,
que podréis entrar es cierto
y salir desde mi casa

hasta su mismo aposento,
que es adonde va a tocar,
sin que el amor ni los celos
del duque causen temor.
Pero ha de ser, advirtiendo,
que ha de ser esto con gusto
de Julia; porque no quiero
que se diga que en su honor
infamemente me vengo
dando paso a su deshonra.
Que como allanéis vos esto,
aquí está mi casa, aquí
mi vida, Astolfo, y mi pecho,
pues para todo es quien es
amigo tan verdadero.

ASTOLFO Dadme mil veces los brazos;
y si mudo os agradezco
tanto bien, es porque el caso
mudo me tiene y suspenso.
Yo hablaré a Julia, y de Julia
traer licencia os ofrezco;
y pues ya la noche oscura
extiende su manto negro,
iré a avisarla.

CARLOS Mirad
lo que os aventuráis.

ASTOLFO ¿Luego
han de matarme esta noche,
siendo la última que espero
ponerme en esta ocasión?

CARLOS ¿Cómo?

ASTOLFO Como si yo llego
a pedir licencia a Julia
de abrir esa mina, es cierto

que ha de darla o no ha de darla:
si la da, ¿para qué efecto
he de volver a arriesgarme,
teniendo seguro el riesgo?
Si no la da, pensaré
que está su amor de concierto
con el duque, pues me quita
esta ocasión, y iré huyendo
de mis celos, si es que hay donde
no sepan de mí mis celos.

CARLOS
A todo he de acompañaros.
[*ap.*] (Y estas finezas y estremos
tome por su cuenta amor;
pues el que yo a Laura tengo,
hermana de Astolfo, es
el que ha franqueado en mi pecho
secreto que tantos días
tuvo el honor en silencio.)
Vanse

Salen ENRIQUE, *viejo, leyendo un papel, y* LAURA, *su hija.*

ENRIQUE
¿Quién te dio aqueste papel?

LAURA
Una mujer me le dio,
tapada, que aquí llegó.

ENRIQUE
¡Hay desdicha más cruel!
¿No preguntaras quién era?

LAURA
Ya, señor, lo pregunté;
mas sólo me dijo que
en tu mano te le diera,
que una limosna pedía
y volvería al instante.

ENRIQUE
¿Quién ha visto semejante
confusión como la mía?

LAURA — Parece que te ha traído
el papel algún cuidado.

ENRIQUE — Y tan grande, que ha causado
mil penas a mi sentido,
y habré de morir en ellas.

LAURA — ¿No sabré yo la ocasión?

ENRIQUE — Cosas de tu hermano son:
¿para qué quieres sabellas?

LAURA — Para sentirlas fiel
ya que no puedo servir
más, señor, que de sentir.

ENRIQUE — Pues oye, Laura, el papel:
[*Lee*] «Importa que esta noche con prudencia estorbéis a Astolfo que no salga de casa, porque le va no menos que la vida.»

LAURA — Justos fueron tus enojos:
bien, compuesto de cruel
rejalgar, es el papel
el veneno de los ojos.

ENRIQUE — Días ha que desvelado
la tristeza me ha traído
de Astolfo, y sin duda ha sido
nacida deste cuidado.
Y no siento, no, ni es bien,
su riesgo ni mi pesar,
sino que se ha de guardar
sin que le digan de quién.
Que, ¡vive Dios!, si supiera
quién es, que se le sacara
yo al campo, y que cara a cara
el disgusto concluyera.

Mas decirme que le guarde,
sin que de quién se me diga,
bien a presumir me obliga
que es su enemigo cobarde.
Y esto más mi pecho siente
que lo que ha de suceder,
porque más se ha de temer
a un cobarde que a un valiente.
¡Oh, quién supiera, ay de mí,
de quién se debe guardar!

Sale CANDIL.

CANDIL [*ap.*] Aquí me manda esperar
mi amo, en tanto... Más aquí
está el viejo; fruncir quiero
el semblante, dando indicio
de beato y de novicio.

LAURA Bien de ese criado espero
que te informes; él quizá
advertirá tu dolor.

ENRIQUE Dices bien. ¡Candil!

CANDIL Señor.

ENRIQUE ¿Dónde vuestro amo está?

CANDIL Hacia el parque le he dejado
con Carlos, su grande amigo.

ENRIQUE Siempre, el Cielo me es testigo,
os tuve por leal criado.

CANDIL El «fidus Acates» fue,
puesto conmigo, un Vellido.

ENRIQUE Decidme, pues: ¿qué ha tenido

Astolfo? Que yo no sé
qué humor inquieto y severo
andar tan triste le hace.

CANDIL — Yo lo diré: todo nace
de tener poco dinero.
Perdió ayer el que tenía;
que, a imitación de las gentes,
hay barajas maldicientes
y dicen mal cada día.
Si bien ya cosas se ven,
que esto no es lo principal,
pues a las que dicen mal
hay quien las haga hablar bien.
Yo me acuerdo cuando era
agravio el decirle a un hombre
fullero, porque era nombre
que escucharse no debiera
sin mentís; pero después
que a ser llegó habilidad,
agravio es con más verdad
decirle que no lo es.
Flores se descubren hartas,
sin ser mayo, cada día.
¿Qué más que haber fullería
al juego de sacar cartas?

ENRIQUE — Decidme, pues: ¿ha tenido
por el juego algún disgusto?

CANDIL — Sí, señor, muy grande y justo.

ENRIQUE — ¿Pues qué fue?

CANDIL — El haber perdido;
que otro no le supe yo:
y si a él le sucediera,
es cierto que le supiera;
que en fin de nadie fió

con más razón que de mí
sus disgustos, por saber
cuánto le suelo valer
en ellos.

ENRIQUE ¿Cómo, si oí
que alguna vez que riñó,
y que presente estuvisteis
vos, las espaldas volvisteis?

CANDIL Por eso lo digo yo;
pues corrió tras mí un tropel
con que la vida le di,
pues los que fueron tras mí
no le tiraron a él.

ENRIQUE Decidme (¡oh, quieran los Cielos
que este desengaño vea!):
¿sirve Astolfo o galantea
alguna dama? ¿Son celos
los que triste le han tenido
estos días?

CANDIL ¡Qué sutil!
Viendo que yo soy Candil,
de mí alumbrarte has querido.
Y así oye cuanto pasa,
si a callarlo te reduces;
porque quiero hacer dos luces
a la calle y a la casa.
Astolfo una dama ama,
y tiene un competidor
poderoso, y en rigor
hoy la calle de la dama
con uno y con otro amante
ya moro, ya paladín,
la esfera de su jardín
hizo campo de Agramante.
Traidor fuera, si callara,

sabiendo el riesgo en que está
mi señor.

ENRIQUE Llévame allá,
pues ya de luces avara
y triste la noche fría,
en eclipsado arrebol,
las exequias hace al sol,
alma y corazón del día.
Tú, Laura, si aquí viniere,
mientras yo le busco, di
que no se salga de aquí,
que mando yo que me espere.

LAURA Sí haré. (*a* CANDIL.) Si a Carlos [halláis
con él, decid que me vea.

ENRIQUE Ay hijos, quien os desea
no sabe lo que costáis.

Vanse.

Salen el DUQUE, LEONELO, OCTAVIO *y Criados.*

DUQUE En esta noche fría,
émula hermosa de la luz del día,
de mi venganza espero
ver el fin: muera Astolfo, pues yo muero.

LEONELO Mal hace vuestra alteza
en dar tanto lugar a una tristeza.

DUQUE ¿Es mejor que ofendido
yo de un vasallo, llore aborrecido?

LEONELO Quien una hermosa dama
sin estrella, señor, festeja y ama,
no porfíe en querella;
que no hay ventura donde falta
estrella.

DUQUE ¡Qué error tan recibido
de la opinión común, Leonelo, ha sido
decir que las estrellas
de amor terceras son, y que está en ellas
(oh necio desvarío)
la primera elección del albedrío!

OTAVIO Pues ¿quién puede negallo?

DUQUE Yo, que razones y aun ejemplos hallo
contra aquese concepto.

LEONELO Di uno solo.

DUQUE Despreciado de Dafnes hable Apolo:
si estrella fuera amor, si en él viviera,
¿cómo del sol aborrecido fuera,
de las estrellas soberano dueño?
Luego bien claro enseño
que amor no vive en ellas,
pues el sol se quejó de las estrellas.

LEONELO Y, en fin, di: ¿qué has pensado?

DUQUE No fiar de mi estrella mi cuidado,
sino de mi poder y el valor mío;
que ellos los polos son de mi albedrío.
Y así tengo ganada,
como el criado de Astolfo, una criada
de Julia, que ha de abrir aquesta puerta,
que para Astolfo suele estar abierta.
Y ya que es hora, creo,
de que la seña hurtada a mi deseo
haga seguro el paso
a este ardor, a este fuego, en que me abraso.

(Hace la seña en la reja.)

LEONELO La puerta abren, señor.

Sale PORCIA.

PORCIA ¿Quién es?

DUQUE Yo he sido.

PORCIA Y vuestra alteza sea bien venido;
que Julia, conociendo
la seña de su amante, presumiendo
que él fuese, me ha mandado
abrir la puerta, con que se ha cerrado
el temor de tu intento y de mi culpa,
pues su mismo precepto me disculpa.

LEONELO Los dos os retirad, y con cuidado
esta calle guardad.

(Éntrase el DUQUE *y* PORCIA.*)*

LEONELO Bien has fiado
de los dos tu deseo.

Salen ASTOLFO *y* CARLOS.

ASTOLFO ¡Ay Carlos, si es verdad esto que [veo!
Por la puerta, ¿no ha entrado
un hombre, y otros dos se han retirado?

CARLOS No sé si engaño ha sido;
pero a mí que es verdad me ha parecido.

ASTOLFO ¿Para esto, ingrata fiera,
fue decirme que a verte no viniera?
¡Vive Dios que he de entrar, y...!

CARLOS Deteneos,
que eso es embarazar vuestros deseos;
pues siéndolo estorbar vuestros agravios,
no lo han de hacer las manos ni los [labios

desde aquí; pues no es medio ni es ven
[ganza,
si otro el favor en el jardín alcanza,
reñir los dos con estos dos afuera.

ASTOLFO

Pues ¿qué he de hacer en ocasión tan fiera?
Mas ya sé qué he de hacer. Allí una
paso a un balcón me deja, [reja
que es de una galería
del jardín: guardad vos la espalda mía
mientras me arrojo a él desesperado.

CARLOS

Advertid no sea el duque ese que ha
[entrado.

ASTOLFO

Pues eso, ¿qué remedia mis desvelos?
¿Los duques no dan celos?
Fuera de que si yo lo he presumido,
de oírlo a Julia ha sido,
y puedo presumir, y justamente,
que quien miente el amor, el galán miente.

CARLOS

Con vos vengo, y después de preveniros
el riesgo, a todo trance he de seguiros.

ASTOLFO

Pues yo en el jardín entro.

(Éntrase)

CARLOS

Nadie entrará mientras estáis vos
[dentro.

Salen el DUQUE *y* PORCIA.

PORCIA

Ponte, señor, sobre el rostro
el rebozo de la capa.
porque pueda hacer mejor
el papel de la turbada.
Aquí, señora, está Astolfo.
(*Embózase el* DUQUE, *y sale* JULIA.)

JULIA ¿Cómo es posible que haya,
Astolfo, en un pecho noble
tan necia desconfianza?
¿A mi casa apenas vuelvo
de pedirte que a mi casa
no vengas por el temor
del duque, cuando a ella llamas?
¡Qué necios celos!

DUQUE No son
muy necios, Julia.

Descúbrese.

JULIA ¡Turbada
estoy! ¡Ay Porcia! ¿Qué es esto?

PORCIA Yo, señora, no sé nada.
A la seña abrí la puerta;
si a ti la seña te engaña,
¿qué mucho que a mí me engañe?

JULIA ¡Ay de mí! ¿Qué he de hacer?

DUQUE Basta,
¡oh Julia!, la turbación;
que yo sólo he sido causa
a este engaño, porque amor
todo es ardides y trazas.
No quise más que saber
si puerta que tan cerrada
está a una fe verdadera
se abría a una seña falsa.
Ya no me podréis negar
(testigos son estas plantas)
que sobre tantos avisos
Astolfo mi gusto agravia.

JULIA Señor, señor, esa culpa,
aunque hoy esté averiguada,

mía es, que no es de Astolfo
pues creyendo que él llamaba,
yo le mandé abrir la puerta:
luego en los dos, cosa es clara,
si fuera el llamar su culpa,
y mía hacer que le abran,
yo estoy culpada y él no,
pues yo le abro y él no llama;
que desde el primero día,
señor, que por mi desgracia
me visitasteis, no ha entrado
más aquí.

(*Entra, cayendo,* ASTOLFO.)

ASTOLFO ¡El Cielo me valga!

DUQUE Pues ¿qué es esto?

JULIA Muerta estoy.

PORCIA ¡Qué desdicha!

ASTOLFO Vida y alma,
perdámonos de una vez,
y no muramos de tantas.

DUQUE ¿Quién va?

ASTOLFO Un hombre solo.

DUQUE ¿Cómo
desta suerte en esta casa
entráis?

ASTOLFO Como vos de esotra.

DUQUE ¿Sabes quién soy?

ASTOLFO No sé nada;
que a estas horas y a estos celos
todas las sombras son pardas.

DUQUE Pues vuelve por donde entraste.

ASTOLFO Celos no vuelven la espalda.

DUQUE Yo haré que las vuelvas, y...

(Sacan las espadas y riñen)

JULIA ¡Señor, señor!

DUQUE Suelta, aparta.
(Dentro ruido de espadas)

PORCIA En la calle, al mismo tiempo,
se oyen también cuchilladas.

(*Dentro,* ENRIQUE)

ENRIQUE Yo he de entrar en el jardín.

(*Dentro,* CARLOS)

CARLOS Mi brazo esta puerta guarda.

JULIA Da voces, Porcia.

DUQUE Hoy verás
que es rayo ardiente mi espada.

ASTOLFO ¡Oh! Que estás favorecido
y riñes con gran ventaja.

(*Dentro,* ENRIQUE)

ENRIQUE La puerta echaré en el suelo.

(Dentro, CARLOS)

CARLOS La guardo yo.

JULIA ¡Pena rara!

(Dentro, LEONELO)

LEONELO Yo te sabré hacer pedazos.

PORCIA Luces traeré desta sala.
Vase.

JULIA ¡Acudid todos!

ASTOLFO ¡Ay Cielos!
Muerto soy.

(Cae en el suelo herido y desmayado.)

PORCIA ¡Desdicha extraña!

DUQUE Que aquí no me conocieran
fuera de grande importancia.

(Entran todos)

ENRIQUE Julia, ¿qué es esto?

JULIA No sé:
tu desgracia y mi desgracia.
Tu hijo Astolfo (¡muerta estoy!)
es (¡qué pena tan tirana!)
el que (¡rigurosa estrella!)
sobre (¡el aliento me falta!)
estas flores (¡qué rigor!),

caducas ya (¡qué desgracia!),
hizo (¡terrible desdicha!)
que con su púrpura y nácar
se conviertan en rubíes
las que fueron esmeraldas.
El brazo (¡ay Dios!) que te ofende,
el acero que te agravia,
no le sepas, no le sepas
que será doblar las ansias,
ver posible la desdicha
e imposible la venganza.

ENRIQUE ¿Cómo imposible (¡ay de mí!)
si este acero y estas canas
Etna de fuego y de nieve
serán...?

Acomete al DUQUE.

JULIA Tente, espera, aguarda,
no le ofendas que es el duque.

DUQUE Enrique, Enrique, ya basta.

ENRIQUE Pues vuestra alteza, señor,
¿tanto enojo, furia tanta?

DUQUE Así mi valor castiga
a quien mi valor agravia,
y si mil veces viviera
le diera muerte otras tantas.

Vase.

LEONELO ¡Qué lastimosa tragedia!

OTAVIO ¡Qué rigurosa desgracia!

Vase.

CARLOS ¡Qué amigo tan infeliz!

JULIA ¡Qué mujer tan desdichada!

Vase.

CANDIL De todo tuve la culpa,
tener la pena me falta.

PORCIA Temblando estoy de temor
por ser de su muerte causa.

Vase.

ENRIQUE ¡Ay infelice de mí!
En pena, en desdicha tanta,
pues que me falta en la tierra,
denme los cielos venganza.

(Llevan a ASTOLFO *entre dos y vanse).*

JORNADA SEGUNDA

Salen ENRIQUE, *y* LAURA.

LAURA
Hasta que te vi, señor,
turbada estuve y suspensa,
pendiente el alma de un hilo,
ni bien viva ni bien muerta.
¿Cómo vienes? ¿Cómo fue
este prodigio? ¿Qué intentas?
¿Qué pasó ¿Qué sucedió?
No con tal duda me tengas,
porque es otra pena aparte
vivir dudando una pena.

ENRIQUE
¿Estás sola?

LAURA
Sola estoy;
pero cerraré esta puerta.

ENRIQUE
No la cierres, que podrán
escucharnos detrás della;
que el que quiere decir, Laura,
cosas, y más como éstas,
adonde importa el secreto

tanto, hace mal si la cierra,
pues no sabe quién le escucha:
mejor es dejarla abierta;
que yo veo desde aquí
a quien sale y a quien entra.
Ya te acuerdas de la noche
que, tantas veces funesta
para mí, desde la casa
de madama Julia bella
traje a la mía a tu hermano
en mis hombros; ya te acuerdas
que, bañado entre su sangre,
volvió del desmayo apenas,
cuando... Mas ¿por qué mi voz
repetirte, Laura, intenta
lo que es justo que no olvides,
lo que es preciso que sepas?
Pues dijo un sabio que sólo
arte de memoria era
estudiar uno desdichas,
que, como una vez se aprendan,
nunca saben olvidarse.
y pues acordarte es fuerza,
paso ahora a lo que ignoras,
porque todas las adviertas.
Apenas el sol anoche
vencido de las tinieblas,
caer se dejó en el mar,
sustituyendo su ausencia
las estrellas y la luna
(porque abrasadas virreinas
de la majestad del sol
son la luna y las estrellas),
cuando, poniendo reparos
a la sagrada violencia
del rayo del poderoso,
dispuse contra su fuerza
mi ingenio; bien como aquel
jeroglífico lo enseña

de la encina y de la caña,
que una fácil, y otra opuesta
a las ráfagas del viento
del raudal a las violencias,
coronaron la humildad,
a vista de la soberbia.
Al tiempo, pues, que Sajonia
celebraba las exequias
de Astolfo, salimos yo
y... Mas turbada la lengua
no se atreve a pronunciarlo,
que aun de imaginarlo tiembla.

LAURA No importa, ya sé quién dices.

ENRIQUE En una oculta maleza
de ese monte, tan guardada
de las hojas y las peñas,
que no echó menos el día
(porque siempre para ella
es noche, pues no ve al sol
que amanezca o no amanezca);
prevenidos dos caballos
tuve, cuya ligereza
el viento calzó de pluma:
tan hijos suyos, que fuera
la espuela manchar en ellos,
desprecio, y no diligencia.
Aquí, pues, la voz, aquí
en mil suspiros envuelta,
en mil lágrimas bañada,
dije... Pero gente llega:
luego, Laura, lo sabrás.

Salen LUCRECIA *y* CANDIL.

LUCRECIA Don Carlos está a la puerta.

CANDIL Dice, si para besar
tus manos, le das licencia.

ENRIQUE Amigo de Astolfo fue.

LAURA *(Aparte.)*
Y enemigo mío, pues llega
a darme tantos cuidados.

ENRIQUE Decid que entre en hora buena.
(Hace CANDIL *como que se va y vuelve a quedarse.)*
Pero decidme primero,
Candil, ¿qué venida es ésta?
¿Servís a Carlos?

CANDIL Señor,
desde aquella noche mesma
que trajiste herido a Astolfo
a casa, y como si fuera
tu familia su homicida,
con enojo y con afrenta
a todos nos despediste.
Sirvo a Carlos.

ENRIQUE No me pesa.
Decid que entre. Mira, Laura,
(Vase CANDIL.*)*
que importa que nada entienda.

LAURA *(Aparte.)*
Eso díselo a mis ojos,
porque, si son mudas lenguas
del alma, no callarán
a Carlos nada que sepan.

Salen CARLOS *y* CANDIL

CARLOS Aunque fuera desta casa,
dando de mi amistad muestra,
recibo el pésame yo,
el darle aquí será fuerza.
Si bien de una circunstancia
hoy mis ojos me reservan,

que es encareceros cuánto
siento la infeliz tragedia
de Astolfo, pues si perdisteis
un hijo y hermano en ella,
yo perdí un amigo, y no
es pérdida más pequeña;
que es parentesco sin sangre
una amistad verdadera.

ENRIQUE
Bésoos, don Carlos, las manos;
que bien tenemos por ciertas
de vuestra noble amistad
tantas generosas muestras.
Bien lo dice mi cuidado;
pues el no dejar que os viera
Astolfo en su enfermedad,
por excusarle la pena
fue que llevó de perderos.

CARLOS
Mis lágrimas sólo sean
hoy testigos de la mía.

LAURA
Mal en tratarlas hicieras
como ajenas, siendo propias.

CANDIL
Nunca éstas fueron ajenas.

CANDIL
¡Ay!
(Hace que llora.)

LUCRECIA
Pues ¿tú lloras también?

CANDIL
¿Y cómo? ¿No consideras
estas lágrimas de tinta?

LUCRECIA
Pues ¿hay cosa que tú sientas?

CANDIL
No.

LUCRECIA
Pues, necio, ¿por qué lloras?

CANDIL — Por hacer compañía, necia.

Sale un CRIADO.

CRIADO — Aquel hombre que te habló
poco ha, te aguarda ahí fuera.

ENRIQUE — Un negocio es; yo saldré
a hablarle. Tú aquí me espera,
Carlos; que quiero después
besar la mano a su alteza,
y que me acompañes quiero,
porque notes, porque adviertas
que dar gracias por agravios
es la mayor diligencia.

(Vase ENRIQUE.

CARLOS — ¿Atreveránse mis voces,
pidiendo al llanto licencia,
validas de la ocasión
que ningún tiempo desprecia,
a mezclar, hermosa Laura,
amores a un tiempo y penas?
Pues entre penas y amores
hay tan poca diferencia,
que no salgo del concepto,
pues son una cosa mesma.

LAURA — Bien podrás, Carlos, y bien
podré yo decir, atenta
a tus labios y a mis ojos,
que no es posible que sea
buen cortesano el amor,
pues de ninguna manera
habla más que en una cosa,
mezclando gusto y tristeza.

CARLOS — Por no distinguir los tiempos

ni las personas, se cuenta
que de un árbol mismo cortan
la muerte y amor sus flechas;
y así, pues, amor y muerte
quiere el Cielo que me hieran
tan a un tiempo, que podrán
(cuando ir a cobrar pretendan
las saetas de mi pecho)
equivocar las saetas.
Bien podré, herido dos veces,
decir...

CANDIL Ya mi señor entra.

CARLOS Pues ya no podré decirlo.

LAURA Sí podrás por una reja
de mi jardín esta noche.

Sale ENRIQUE.

ENRIQUE Perdonad, por vida vuestra,
la tardanza.

CANDIL *(Aparte.)*
Más tendrá
que perdonar en la priesa.

ENRIQUE Y vamos a ver al duque.

CARLOS Vamos.

ENRIQUE Laura, adiós te queda.

LAURA El Cielo, señor, te guarde.

CARLOS [*ap.*] No te olvides, Laura bella,
de que en la reja tu sol
esta noche me amanezca.

LAURA
No haré, Carlos, que me va
la vida en que tú la tengas.

Vase.

CARLOS
Tú, vete a casa, y prevén
espada, capa y rodela.
¡Oh, quién de un suspiro al día
la luz apagar pudiera
pues está, que viva un dios,
en que sola una luz muera!)

Vase CARLOS *con* ENRIQUE.

CANDIL
Fuera razonable el soplo.
¿Oyes qué digo, Lucrecia?
Está avisada, que mi amo
hablar a tu ama concierta,
porque estés tú a hablarme a mí.

LUCRECIA
¿De cuándo acá esa fineza?
Habiendo vivido en casa
tantos días, ¿hoy te acuerdas
de enamorarme?

CANDIL
Es porque es
costumbre inmemorial ésta,
«ad perpetuam rei memoriam»
entre los criados hecha;
que no es porque yo te quiero.
Mas podrá ser que te quiera,
por sólo hacer compañía.

LUCRECIA
Allá con Porcia se avenga:
no es Lucrecia para burlas.

Vase.

CANDIL
Dos romanas de la legua

enamoro, y ¡vive Dios!,
que he de ser en medio dellas,
pues fui de la Porcia Bruto,
Tarquino de la Lucrecia.

Vase.

Salen el DUQUE, LEONELO *y* OCTAVIO, *en traje de noche.*

DUQUE
Esta pena, esta furia,
doméstico enemigo que me injuria,
esta ansia, este veneno,
áspid ingrato que abrigué en mi seno,
esta ira, esta rabia,
que el corazón, que es dueño suyo,
no es posible que sea [agravia,
amor; deidad en mí mayor emplea,
con enojo más fuerte,
pena, furia, veneno, rabia y muerte;
pues son tantos desvelos
las cabezas de la hidra de los celos.

LEONELO
Yo no sé de qué suerte los previenes,
pues tienes celos, y de quién, no tienes.

DUQUE
Por respuesta, que puedo, te prevengo,
tenerlos, pues de quien tenerlos
[tengo.
Tú mismo a un hombre viste
que en un jardín aquella noche, ¡ay triste!,
ciego y desesperado,
entró, a quien yo, ofendido y enojado,
quité la vida, sin quitar la vida;
pues primero murió, que de la herida,
de los celos que tuvo.
¡Qué fino amante, qué cortés anduvo!
Pues murió, averiguados los recelos,
a vista de su dama y de sus celos.

OTAVIO

Si tú mismo confiesas de esos modos
que murió, y es verdad que anoche todos
su entierro vimos, ¿cómo en esta parte
un muerto puede darte
celos?

DUQUE

Como no mueren con la
los celos. [muerte

LEONELO

¿De qué suerte?

DUQUE

Desta suerte:
de contrarios afectos esta llama,
de contraria razón esta centella
de celos, nace en una causa bella,
o bien porque es amada, o porque
[ama.
Ni ser amada, pues, ni amar la dama
consiente amor, tasándole su estrella;
mas entre ser amada, o amar ella,
lo uno disgusta, pero lo otro infama.
Luego si ya de Astolfo ser querida
no puede Julia, y yo en su llanto advierto
que ella puede quererle sin la vida,
de los dos daños el mayor es cierto;
y pues Julia de un muerto no se olvida,
bien puedo yo tener celos de un
[muerto.

OTAVIO

¡Sutil sofistería
de amor!

DUQUE

Pues mi mortal melancolía
della nace, y yo muero,
porque remedio a mi dolor no espero.

LEONELO

Como tenerle quiera
tu alteza, le tendrá.

DUQUE ¿De qué manera?

LEONELO Ovidio dice, hablando del remedio
de amor, cuál es el medio:
oye el verso.

DUQUE Holgaréme de saberle.

LEONELO «Para vencer a amor,
[querer vencerle.

DUQUE Pues yo quiero y no puedo: luego miente
Ovidio, o aconseja neciamente.
Y pues la pena mía
tan obstinada en mi dolor porfía,
con otra industria he de poder
[vencerlla.

OTAVIO ¿Qué pretendes hacer?

DUQUE Fiarme della
sin resistirme, a ver lo que hacer quiere
de mí: lléveme, pues, donde quisiere.
Preveníos los dos para esta noche:
que el sol apenas hoy desde su
lid de rayos y olas [coche
verá sobre las ondas españolas,
cuando a la calle yo de Julia vaya,
sólo a ver sus umbrales, porque haya
menos entre mi amor y su belleza.

Salen ENRIQUE *y* CARLOS.

ENRIQUE Déme a besar las plantas vuestra alteza.

DUQUE Sólo esto le faltaba a mi castigo,
quejas de un padre, y quejas de un amigo.

ENRIQUE Si algún día os mereció
mercedes, señor, mi fe,
dadme hoy albricias.

DUQUE ¿De qué?

ENRIQUE De que ya Astolfo murió.
Aunque pido mal; que yo
y mi honor al gusto vuestro
las debemos: bien lo muestro
con tan alegre albedrío,
pues fue el muerto un hijo mío,
que no fue un esclavo vuestro.
De aquella infelice herida
la ocasión aprovechó
porque hiciera mal, si no
muriera a tal homicida.
Su muerte, pues, y su vida
que en mí son uno, es muy cierto,
pues si ya vengado advierto,
señor, vuestro enojo esquivo,
para mí está Astolfo vivo,
cuando está para vos muerto.

DUQUE Bien, Enrique, han hecho alarde
los esfuerzos del dolor,
de la sangre y del valor.
Dios os guarde, Dios os guarde.

(Vanse el DUQUE *y los Criados.)*

CARLOS Confuso el duque, cobarde
y turbado ha respondido.

ENRIQUE Piedad de su pecho ha sido.
Adiós, adiós, Carlos.

CARLOS Yo
he de ir con vos.

ENRIQUE Eso no.
(Bien hasta aquí ha sucedido.)

Vase.

CARLOS

Si decir uno el dolor
que padece, no enternece
sino al que el dolor padece,
bien podré decir mi amor
al sol, pues su bello ardor
un laurel siguió fiel;
y no dudo yo que él
con sombras el yerro dore
de que yo una Laura adore,
pues él adoró un laurel.
¡Oh tú, planeta luciente,
mide en tu pena la mía,
y haz hoy síncopa del día
el ocaso y el oriente!
¡Apague el azul tridente
tu luz, arder no presuma,
y nazca mi amor, en suma,
de espuma y sombra entre horror,
pues siempre nace el amor
de la sombra y de la espuma!

CARLOS

Ya parece que obediente
a mi voz noble y bizarro
guía el pértigo del carro
por los campos de Occidente:
sombra y luz confusamente
hacen que el atado broche
de sombra y luz desabroche
el sueño, ya perezoso,
equivocando el dudoso
crepúsculo de la noche:
y pues ya se ha declarado
triunfante la niebla fría
de las campañas del día
y yo a mi casa he llegado,
quiero, de traje mudado,
ir donde Laura me espera,
luciente sol desta esfera.

Sale CANDIL.

CANDIL ¡Vive Dios, no pare aquí
un instante!

CARLOS ¿Candil?

CANDIL Sí.

CARLOS ¿Dónde vas desta manera?

CANDIL Huyendo.

CARLOS Loco pareces.
¿Qué hay?

CANDIL No lo sabré decir.
Ni aun pienso que sabré huir,
con haberlo hecho más veces.

CARLOS Nuevas sospechas me ofreces.
¿Qué es lo que te ha sucedido?

CANDIL Yo...

CARLOS Prosigue.

CANDIL ¡Estoy perdido!
¿Viene alguien?

CARLOS No.

CANDIL Te esperaba,
cuando sentí que a la aldaba
de las puertas hacen ruido.
Fui a ver quién era, y hallé
un hombre, que rebozado
me mató la luz. Turbado,
quién era, le pregunté;

y muy quedo dijo que
te buscase; y más no habló.
Dentro de casa se entró,
y del último aposento
cerró las puertas, atento
a que no le viera yo.
Allí está, en fin, encerrado.
Ni sé quién es, ni qué quiere.

CARLOS Calla, y más tiempo no espere.
Trae luz, que determinado
yo haré que de ese cuidado
salgas.

(Entra CANDIL, *y trae luz.)*

CANDIL Aquí tienes ya
la luz.

CARLOS Dime dónde está.

CANDIL Aquí.

CARLOS La puerta abriré.

(Abre la puerta ASTOLFO *y no sale.)*

Pero ella abrir se ve.
¡Quienquiera que es, salga acá!
¿No sale? Entra tú.

CANDIL Si fueras
a caballo, me tocara
ir delante: mas repara
yendo a pie, ¡cuán mal hicieras
si delante me trajeras!

CARLOS Suelta la luz.

CANDIL
Eso haré
fácilmente.

CARLOS
Yo veré
quién está dentro.

(Entra CARLOS *con la luz y espada desnuda y vuelve a cerrar.)*

CANDIL
Cerró
la puerta, así como entró
Carlos, quienquiera que fue.
¿Qué me toca hacer aquí
por la ley del duelo, siendo
criado? ¿Criado dije? Entiendo
que sólo mirar por mí.
Y pues tanto ha que no vi
a Porcia, a verla iré en tal
duda: afectos de leal
ningún cuidado me den,
porque nunca me hará bien
si yo no le sirvo mal.

Vase.

Sale PORCIA, *con luz, y* JULIA *vestida de luto.*

JULIA
Pon en ese cenador
las luces sobre un bufete,
porque no estemos a obscuras
en este trágico albergue
las dos solas.

PORCIA
Ya están puestas,
y en él prevenido tienes
un tapete, y una almohada,
para que al fresco te sientes,
ya que de estar aquí gustas.

JULIA
Ningún descanso apetece

mi vida, en tanto que triste,
entre laberintos verdes,
circos ya de la fortuna
y teatros de la muerte,
lloro, Porcia, mis desdichas,
imitadoras del fénix
tanto, que en cuna y sepulcro
unas nacen y otras mueren;
que a las desdichas siempre
otras desdichas hay que las hereden.
Triste funesto jardín,
tú, que un tiempo más alegre,
si pompa del amor fuiste,
ruina ya del amor eres,
donde al cielo que lo mira
y a la tierra que lo atiende,
representó la fortuna
tragedias de amor, que pueden
tanto mover a las flores,
tanto ablandar a las fuentes,
que las fuentes y las flores,
de piadosas y corteses,
corran por perlas corales,
den por jazmines claveles.
Oye mis desdichas, pues
lugar a mis dichas deben
tus cristales y tus rosas
por lo que se les parecen:
que mis dichas son flores y son fuentes,
o por lo fugitivo, o por lo breve.
Yo vi, yo vi coronado,
en este jardín alegre,
de vitorias al Amor.
¡Cuánto engaña, cuánto miente,
quien deidad le llama, pues
una desdicha le vence!
Dígalo a voces el aura
que en estas hojas se mueve
quejosa, porque mis voces

con sus cláusulas concierte:
díganlo a señas las plantas
manchadas, que en este albergue,
para ser tálamo nacen,
y siendo túmulo, mueren;
pues el aura, y pues las plantas,
de tratarme a mí y de verme,
sólo suspiros estudian,
sólo lágrimas aprenden
y podrán mejor que yo,
a quien turban y enmudecen
las penas, porque en efecto
las padezca y no las cuente:
que el que decirlas puede,
más las alivia, Porcia, que las siente.

PORCIA ¿El campo de la fortuna
dejas correr de esa suerte
al discurso? ¿No podrás
pararle cuando le intentes?
Haz treguas, señora, un rato
con las lágrimas que viertes:
que así morirás de triste.

JULIA Pues ¿qué dicha más alegre?
Déjame, Porcia, llorar;
pues todos dicen que es éste
el mejor bien de los males
y el mejor mal de los bienes.
Pero ¿quién se entra hasta aquí?

Sale CANDIL.

CANDIL Un muerto, Candil, que viene
a las luces de tus ojos
a quemarse, y no a encenderse.

JULIA Desde que Astolfo murió,
Candil, no has venido a verme.

CANDIL
Don Carlos, mi nuevo dueño,
tan ocupado me tiene,
que no he tenido lugar.

PORCIA
Muy anciano chiste es ése,
dar por disculpa a los amos
de la culpa que no tienen.
Di que Lucrecia, y dirás
bien.

CANDIL
El diablo me lucrecie
(que es mucho más,
que decirle que me lleve).
si yo...

JULIA
¿Qué es eso?

CANDIL
Pregunto:
¿y qué haces desta suerte?
¿No te da miedo este sitio?

JULIA
No, que quien ama no teme,
como el can que de su dueño
sobre el sepulcro fallece,
de la lealtad y el amor
jeroglífico excelente,
yo sobre aquestas caducas
plantas, monumento débil
de Astolfo, pues aquí fue
adonde cayó, estoy siempre
con voces y con suspiros
gimiendo y llorando a veces.

PORCIA
¿Quieres que, por divertirte,
cante?

JULIA
Sólo eso consiente
mi dolor, por ser así
que la música entristece.

(Dan golpes debajo del tablado).

Oye, detente. ¡Ay Candil!
¡Ay Porcia! ¿Qué ruido es éste?

CANDIL Yo no entiendo bien de ruidos.

PORCIA Ni yo tampoco.

JULIA Parece
que en el centro de la tierra
sepulcros se abren crueles.
Vuelve a escuchar...

(Vuelven a dar golpes.)

PORCIA ¿Tan buen son
es?

JULIA A ver si el ruido vuelve.

CANDIL Sí vuelve, porque es un ruido
muy puntual.

JULIA Ya es bien me acerque.

PORCIA Yo no, que temiendo estoy
desde el perico al juanete.

CANDIL Yo, que no tengo perico,
temo desde el pie a la frente.

(Dan golpes otra vez.)

JULIA Dad voces.

PORCIA Yo, no..., no puedo.

CANDIL Ni yo, que fuera indecente
dar voces en casa ajena.

JULIA — Preñada la tierra, quiere,
rasgándose las entrañas,
que nazcan o que revienten
prodigios. ¿No veis, no veis
cómo toda se estremece?
¿No veis las plantas y ramos
o sacudirse o moverse?

PORCIA — ¡Pluguiera a Dios no lo viera!

CANDIL — ¿Qué es esto que hoy me sucede?
¿Allá embozados y aquí
dan golpecitos?

(Ábrese un escotillón, y sale por él ASTOLFO, *lleno de tierra.)*

JULIA — ¡Valedme,
Cielos, que ya no hay valor,
pues Astolfo (ay de mí) es éste,
que aborto del centro nace
en la parte donde muere!

PORCIA — ¡Válgame San «Verbum caro»!

CANDIL — ¡San Dios, San Jesús mil veces!

PORCIA — ¿Adónde estaré segura?

Vase.

CANDIL — Tratar quiero de esconderme.

(Escóndese CANDIL.*)*

ASTOLFO — Quédate, Carlos, aquí,
por lo que me sucediere;
que hasta recorrer la casa
yo entraré solo.

JULIA ¡Detente,
Astolfo!

ASTOLFO Julia, no temas.

JULIA ¿Qué me afliges? ¿Qué me quieres?
(Desmáyase.)
¡Déjame, déjame!

ASTOLFO Julia,
oye, escucha, mira, advierte...
Sobre las flores cayó,
donde, rendida, parece
la deidad, que en este templo
ara de púrpura y nieve
dan a estatua de jazmines,
dan a imagen de claveles.
¡Oh, qué mal hice (ay de mí)
en romper, sin que estuviese
Julia avisada, esta mina!
Pero ¿qué habrá que yo acierte?
¿Y quién pudo prevenir
que aquí, a estas horas, la viese?
¡Mira, oh Cielo, que no es justo,
ya que por muerto me tiene,
que siendo yo el muerto, sea
Julia el cadáver! Advierte
que espira en su luz el día:
de tantas flores te duele
huérfanas sin su hermosura.

PORCIA [*dentro*] ¡Al jardín, Fabricio, Felix!

CANDIL [*dentro*] ¡Id a socorrer a Julia!

DUQUE [*dentro*] Nada, Leonelo, receles.
Voces dan: rompe esas puertas.

ASTOLFO Ya en el jardín entra gente.

¿Qué he de hacer, que unos de otros
nacen los inconvenientes?

(Dan golpes dentro.)

Si me echo a la mina, dejo
abierta la puerta, y pueden
averiguar contra Carlos
y contra mí fácilmente
el intento; si la cierro
con ramas, porque no lleguen
a verla, no tengo luego
por dónde salir; de suerte
que en irme, Carlos y yo
padecemos igualmente;
y en quedarme y ocultarme,
yo sólo; pues yo me quede
empeñado, y asegure
a Carlos. Mas, pues me ofrece
tan casual instrumento
esta almohada, ella cierre,

(Cubre la mina con la almohada.)

y fiando a la fortuna
algo en desdicha tan fuerte,
me encerraré en esta cuadra.
¡Valedme, Cielos, valedme!

(Escóndense y salen PORCIA, *el* DUQUE, CANDIL *y Criados).*

DUQUE — A tu voz rompí esas puertas.
¿Qué es esto, Porcia? ¿Qué tienes?

PORCIA — No sé, señor.

DUQUE — Di, Candil,
¿qué es lo que a los dos sucede?
Pero no me lo digáis:
ya veo que a un accidente,
en el mismo sitio adonde

a Astolfo le di la muerte,
Julia yace desmayada.
¡Julia hermosa!

JULIA ¿Qué me qüieres?
¡Déjame, Astolfo!

DUQUE No soy,
sino yo. ¿Qué es esto?

JULIA Atiende.
En este (¡ay Dios!) no sé (no tengo aliento)
cómo diga, jardín o monumento;
en este (¡ay Dios!), no sé (¡desdicha dura!)
cómo diga, sepulcro de hermosura...
Mas ¿qué dudo, luchando yo
[conmigo?
Monumento, señor, y jardín digo.
Mas ¿qué digo, conmigo batallando?
Hermosura y sepulcro digo, dando
la rienda a mis enojos,
apostaban los labios y los ojos
a lágrimas y voces,
que igualmente veloces
corrían cada cual a su elemento,
el llanto al agua y el suspiro al viento;
si no es que desatados
iban todos al fuego; que abrasados
tanto salían de mi helado pecho
lágrimas y suspiros, que sospecho
que monstruo el fuego sea,
cuando compuesta de contrarios vea
su esfera, porque luego
cuando gemí y lloré, todo era fuego;
pues por donde el suspiro y llanto pasa,
el llanto quema, y el suspiro abrasa.
Aquí, en mis fantasías,
crueldades tuyas, o desdichas mías,
estaba, pues, llorando,

cuando (¡ay infeliz!), cuando
alterada la tierra,
que los tesoros pálidos encierra
de muertos, con extrañas
lides rasgar quería las entrañas,
echando de su centro
los prodigios que ya no caben dentro
de mudos golpes, pues flores y
[plantas
informadas (¡ay Dios!) en penas tantas,
a temblar empezaron.
Que tiemblen las raíces que miraron
del céfiro las hojas sacudidas,
no es mucho; mas que tiemblen hoy
las hojas con embates infelices
al céfiro que hiere las raíces,
son iras, son congojas
que ignoran las raíces y las hojas.
En efecto, al gemido, que no pudo
articular el viento, porque mudo
dentro del seno estaba,
cuando sólo por señas se quejaba,
tembló el jardín, y tanto le provoca,
que para respirar abrió la boca.
No así el Vesubio fiero,
que, baluarte rústico de acero,
contra los cielos vomitar presumo
bombas de fuego y pólvora de humo,
comunero del sol, al sol se atreve,
de cuyo incendio es la ceniza nieve:
como esta tierra, esta que ves, herida,
de sus mismas entrañas desasida,
a las estrellas estrellada sube
pirámide de polvo, densa nube,
a empañar importuna
los trémulos cristales de la luna.
Yo vi aquí, desmayada
la voz, torpe la acción, la lengua helada,
erizado el cabello,

en el pecho un puñal, un nudo al cuello,
equívoca la vida,
al corazón la sangre retraída,
embargado el aliento,
muerto el sentido, vivo el
[sentimiento...
No puedo hablar... Yo vi, yo vi bañado
en sangre y polvo a Astolfo, que abortado
de su sangre nacía.

DUQUE

Detente, que tu gran melancolía,
que tus vanos desvelos
en ti fueron temores y en mí celos;
pues cuanto causa ha sido
de que tú esa ilusión hayas tenido,
con el mismo argumento
lo es de que tenga yo ese
[sentimiento.
¿Adónde está esa boca que te asombra?
¿Adónde, que te aflige, está esa sombra,
si no es en tu deseo?
Y pues que vivo en tu memoria veo
a quien muerto me ofende,
vengarse dél aquí mi amor pretende.
No hablarte imaginaba
jamás, aunque tus prendas adoraba;
mas pues un muerto a mí me da desvelos,
vivo yo, a él le tengo de dar celos.
Y no será la pena, no, fingida;
que si alma no muere con la vida,
bastarále en tal calma,
para que tenga celos, tener alma.
Salíos todos afuera.

(Vanse los Criados.)

JULIA

Mira, señor, advierte, considera...

DUQUE

No llores, que es en vano.

JULIA — Que a los Cielos ofendes.

DUQUE — Soy tirano.

JULIA — Manchadas estas flores,
¿no te ponen horror?

DUQUE — Desprecio horrores;
y antes, que has de ver, piensa,
que con su sangre se manchó tu ofensa.

Sale al paño ASTOLFO.

ASTOLFO — No verá, que primero
moriré yo otra vez. ¡Cielos! ¿Qué espero?
Pero si a verme llega,
el paso a mi esperanza se le niega;
que querer que de verme aquí se asombre,
es temor de mujer, no es temor de hombre.
Pues el remedio sea
que estorbe la ocasión y él no me
[vea.

DUQUE — Pues viste a Astolfo, di que a defenderte
llegue.

ASTOLFO — Sí llegará y de aquesta suerte.

Sale ASTOLFO *por parte que no le vea el* DUQUE*; y mata la luz.*

DUQUE — La luz han muerto y una voz escucho.

JULIA — De Astolfo es esta voz.

DUQUE — Cobarde lucho
(Saca la espada.)
con mi asombro y contigo.

JULIA — ¡Mira si fue temor cuanto yo digo!

DUQUE Temor fue, que primero
que al espanto me rinda, hacer espero
de mi valor alarde;
que nada a mí me puede hacer
[cobarde.

ASTOLFO [*ap.*] Ya, ¡Cielos!, que sin verme
estorbé su rigor, vuelvo a esconderme.

(Vuelve a esconderse donde estaba.)

DUQUE ¿Adónde, voz, te escondes?
Si me llamas, ¿por qué no me respondes?

Sale CARLOS *por la mina.*

CARLOS [*ap.*] A las voces, espadas y ruido,
del puesto en que aguardaba me he salido;
que, ya Astolfo empeñado,
con él he de morir puesto a su lado,
que es lo que a mí me toca,
y como estaba dejaré esta boca.

(Vuelve a poner la almohada en la mina.)

JULIA ¡Muerta soy, Cielos!

DUQUE Ilusión o sombra,
ni tu aspecto me espanta ni me asombra.
¡Hola, Leonelo, Otavio!

Salen todos los criados y traen luz.

LEONELO ¿Qué es aquesto?

CARLOS [*ap.*] En grandes confusiones estoy puesto.

DUQUE ¿Qué miro? ¿Carlos?

CARLOS Sí.

DUQUE ¿Cómo has entrado
aquí?

CARLOS Del ruido entré, señor, llamado.

LEONELO ¿Por dónde, si la puerta
guardamos?

CARLOS Por las tapias de la huerta.

CANDIL Pues muy presto has venido,
para dejarte en casa y escondido.

DUQUE ¿Viste, Carlos, Leonelo, Otavio, viste
a Astolfo? ¡Pena triste!

CARLOS ¿A Astolfo? Considera que sería
ilusión de tu ciega fantasía.

DUQUE Si el miedo engaña, ¿puedo
yo engañarme, si yo no tengo miedo?
Yo he escuchado su voz, su forma he visto
al matarme esas luces. ¡Mal resisto
la cólera!

JULIA ¡Y es cierto!

CANDIL Él anda en pena aquí después de
[muerto.

LEONELO Pues para asegurar tales extremos,
todo aqueste jardín examinemos.

CARLOS [*ap.*] ¡Ay de mí, si por dicha
le hallan!

(ASTOLFO, *al paño, como escondido.*)

ASTOLFO ¡Qué cierta es, Cielos, mi desdicha!

DUQUE — Abierta está esta cuadra.

CARLOS — Yo a miralla
el primero entraré.

(Llega donde está ASTOLFO.*)*

ASTOLFO — Pues, Carlos, calla.

CARLOS — Sí haré. Nadie hay aquí.

OTAVIO — Ni aquí tampoco.

DUQUE — Pues no fue sueño lo que miro y toco.
Yo le he visto y oído,
verdad, Leonelo, ha sido
(¡qué desdicha tan fuerte!)
en el lugar donde le di la muerte.

Vase.

PORCIA — Este galán fantasma, ¿qué pretende?

CANDIL — Que tenga esposo...

PORCIA — ¿Quién?

CANDIL — La Dama Duende.

Vase.

JULIA — ¿Quién mis penas ignora?

CARLOS — Julia, escucha; aunque a ver vuelvas ahora
a Astolfo, no te espantes, porque vivo
está, y a verte viene. Esto apercibo
de paso a tu belleza;
que no puedo dejar de ir con su
[alteza.

Y no es sino ir a ver si Amor restaura
tan tarde la ocasión de ver a Laura.

Vase.

JULIA

Carlos, escucha, detente:
no dejes tan presuroso
por virrey en mis sentidos
un asombro de otro asombro.
¿Astolfo cómo es posible
que viva? ¿Cómo, di, Astolfo
viene a verme? ¿Cómo puede
ser verdad?

Sale ASTOLFO.

ASTOLFO

Escucha cómo
ya que avisada de Carlos,
imposible dueño hermoso,
estás, y el temor nos deja
en aqueste jardín solos.
Bien te acuerdas que a esta esfera,
y aun a aqueste sitio propio,
celoso una noche entré
y salí muerto. No toco
si fue lo mismo el salir
muerto que el entrar celoso,
puesto que celos y muerte
dicen muchos que es lo proprio.
En los brazos de mi padre,
que me lloraba piadoso,
a pesar de mi dolor
el perdido aliento cobro,
de la derramada sangre
bañado cabello y rostro,
tanto que corriendo al pecho
en dos humanos arroyos
los ojos y las heridas
equivocaron lo rojo;

porque para que dudase
si la vierto o si la lloro,
de envidia de las heridas
lloraban sangre los ojos.
En el último aposento,
donde apenas temeroso
entró el sol deshecho en rayos,
entró el aire envuelto en soplos,
me encerraron; y la cura
de la herida fue de modo
que ni amigo ni criado
entró a verme; porque solos
mi padre y mi hermana fueron,
asistiendo cuidadosos,
los prácticos obedientes
de un grande físico docto,
que entraba a verme a deshora
recatado y temeroso.
Con este estudio en mi padre
en mi hermana estos ahogos,
este silencio en mi casa
y esta ceremonia en todos,
convalecí, por hacer
a mis celos este oprobio
de no morir de mis celos,
o por darles este enojo
a mis dichas; pues vivir
un desdichado, no es poco.
Apenas, pues, nueva vida
mal restituido cobro,
cuando mi padre de aquel
voluntario calabozo
me saca una noche a obscuras,
al mismo tiempo que oigo
en otro cuarto en mi casa
tristes exequias y lloros.
Los umbrales de una puerta
pavorosamente toco,
cuando de la otra sale

un entierro sumptuoso.
«¿Quién es el muerto?», pregunto
a mi padre, y él, dudoso:
«Tú eres aquel mismo», dijo.
Y aunque de escucharle absorto,
conocí un gozo entre penas,
y vi una pena entre gozos:
de suerte que en un instante
breve, en un espacio corto,
vivo y muerto por dos puertas
me miré sacar yo proprio.
Era la estación que ya
el planeta luminoso,
dejándonos en la noche
llevaba el día a otro polo.
Seguí a mi padre hasta un monte,
de cuyo seno medroso
disformemente nacía
el hurto, el sueño y el ocio.
Aquí, pues, en una oculta
parte, murada de troncos,
tanto que aún no penetraba
el inculto sitio umbroso
el aire que por defuera
le andaba acechando, sólo
como para hacer silencio,
ceceando en suspiros roncos,
mi padre, con lengua muda
mal desatada en sollozos,
me dijo: «Yo he pretendido
no ver ni llorar, Astolfo,
tu muerte segunda vez;
porque dolor tan penoso
no es dolor para dos veces,
sin osar ponerle estorbos.
Ofendido al duque tienes:
violencias de un poderoso
vénzalas, hijo, la industria,
cuando el valor puede poco.

Al rayo que de la nube
preñada es fatal aborto,
no le burla aquella torre
que es cimera de un escollo,
rebellín contra los rayos,
está al reparo de todos;
aquella cabaña, aquella
que, en lo ignorado del soto,
apenas el sol la sabe,
sí que burla los enojos:
porque lo ignorado más
seguro está del destrozo
que lo altivo; que está cerca
lo eminente de ser polvo.
Húrtale el cuerpo a la ira;
pues hoy el medio dispongo
tan nuevo, que abrazo vivo
al que muerto lloran todos.
Desfigurado cadáver
es el que por ti supongo,
en quien del duque la ira
quiebre, y llegue el desenojo;
que más allá de la muerte
no sabe pasar lo heroico.
De lo mejor de mi hacienda,
reducida a joyas y oro,
la mayor parte te entrego:
el céfiro es perezoso
con ese caballo; en él
sube, y pon tu vida en cobro.»
Dijo, y callando la lengua,
y sólo hablando los ojos,
dio de los pies al caballo,
dejándome puesto en otro.
Yo, que en medio de tan nuevos,
tan raros, tan portentosos
sucesos, dejé lugar
para ti (que fuera impropio
defecto que las desdichas

se levantasen con todo),
me acordé de que tenía
Carlos hecha para otro
fin una mina en tu casa...
(Tu enemigo fue, no ignoro
que adivines el intento):
pues valiéndome animoso
de su amistad y mi amor,
sin tu licencia la rompo;
que es ésta, por cuya boca

(Descubre la cueva).

bosteza la tierra asombros.
Por ella he venido, Julia,
a desengañarte sólo
de que vivo, si es que vivo
hoy en tu pecho amoroso.
Y pues tu riesgo es mi riesgo;
si me estimas, lugar proprio
te da el carro del Amor
entre sus triunfos famoso.
Yo no puedo ya vivir
aquí; ausentarme es forzoso,
y más habiendo causado
ya en tu casa este alboroto.
Vente conmigo: vivamos
libres del rayo; que como
viva yo contigo, Julia,
tendré a la fortuna en poco.
No desprecies la ocasión,
que a Dios te iguala en un modo,
pues está en tu mano hacer
de un desdichado un dichoso.
Y si no, desengañado
de que han valido tan poco
contigo, ¡oh hermosa Julia!,
estas lágrimas que lloro,
estos suspiros que lanzo

y estas razones que formo,
me iré donde nunca tengas
noticia de mí; pues sólo
habrá servido el venir
a verte de un breve, un corto
paréntesis de mi muerte;
y de tu rigor quejoso,
dejándote a que del duque
seas sagrado despojo,
volveré a cerrarla, haciendo
verdad mi fin lastimoso;
que si de una vez la muerte
el suyo ha acertado a todos,
a mí ya de dos la una
¿cómo podrá errarme, cómo?

JULIA Astolfo, señor, mi bien,
dulce dueño, amado esposo,
y... Pero todo lo he dicho
sólo con decir Astolfo:
a mis ojos las albricias
de tu vida no perdono;
si bien no te pueden dar
más que lágrimas mis ojos.
Asombro tuve y temor
de verte tan prodigioso;
y aunque el temor he perdido,
aún no he perdido el asombro;
que no es posible que sean
verdad las dichas que toco;
que cuanto las sé, por verlas,
por ser dichas, las ignoro.
Tú vivas feliz los años
que vive el pájaro solo,
que es en hoguera de pluma
hijo y padre de sí proprio;
y si para que los vivas
algo a tu lado te importo,
llévame contigo, y sea

patria mía el más remoto
clima, donde el sol apenas,
nudo luciente del globo,
se deja acechar del día,
o adonde con rayos rojos
no deja triunfar la noche;
que ya en éstos, ya en estotros,
viviré siempre contenta;
que no quiero más abono
para la felicidad
que poder llamarte esposo.
Y así, en tanto que animosa
mi hacienda y joyas dispongo,
vive en la casa de Carlos;
que aunque por casos honrosos
es mi enemigo, también
es tu amigo, y bien conozco
que si en balanzas iguales
aclaman un pecho heroico
venganza y piedad, irá
a la piedad generoso,
y no a la venganza. ¿Quién
fuera ya imprudente y loco
a lo infame, cuando está
al paraje de lo heroico?
Y yo, para asegurarte
tiempo, que será tan poco
que aun a ti te lo parezca,
hoy con estudio ingenioso
haré cubrir esta boca
con una trampa, de modo
que con las plantas y flores
continuando los adornos
del jardín, engañar puedan
al Austro, al Cierzo y al Noto.
Por aquí a hablarme vendrás
de noche, sabiendo sólo
un jardinero el secreto,
a quien fiarle dispongo.

Con esto, y con el temor,
que ya publicado noto,
tendré cerrado el jardín
todo el día, porque sólo
para ti de noche abierto
esté. Pero ruido oigo:
vete, Astolfo, no te vuelvan
a ver.

ASTOLFO Pésame, que el poco
tiempo no me da lugar
de agradecerte dichoso
estas finezas.

JULIA No esperes
más.

ASTOLFO A la mina me arrojo.

JULIA Ya no me da espanto el verla.

ASTOLFO Viéndote a ti, a mí tampoco.

JULIA Y es justo...

ASTOLFO ¿Qué?

JULIA Que antes ya
la venere.

ASTOLFO ¿Por qué modo?

JULIA Porque es bien que de prodigios
use amor tan portentoso.

ASTOLFO ¿Eslo el tuyo?

JULIA Y lo será.

ASTOLFO Digno es de lo que te adoro
ese extremo.

JULIA El ruido vuelve.

ASTOLFO Adiós, Julia.

JULIA Adiós, Astolfo.

JORNADA TERCERA

Salen LEONELO *y* ENRIQUE, *viejo.*

LEONELO
Presto saldrá aquí su alteza:
aquí podéis esperar,
que tiene a solas que hablar
con vos.

ENRIQUE
¡Extraña tristeza
es la mía! ¿No diréis,
si vuestra atención lo infiere,
qué es lo que el duque me quiere?

LEONELO
De su boca lo sabréis.

Vase LEONELO

ENRIQUE
¡En notable confusión
este recato me ha puesto!
¿Qué puede ser, ¡Cielos!, esto,
que con tanta prevención
le obliga al duque a llamarme?
¡Oh! ¡Cómo siempre el temor
camina hacia lo peor!

Mas no hay de qué recelarme.
Si quejoso me imagina
de su rigor, ¿no será
más cierto pensar que ya
hacerme honras determina
que disculpen su rigor?
Sí, pues que no puede ser
otra cosa, cuando a ver
llego que de mi temor
el reparo he conseguido
tan cuerda y secretamente,
que de Astolfo, ¡ay de mí!, ausente
aún yo proprio no he sabido.
Pues si ya en salvo su vida
con su muerte está en mi extremo,
¿qué recelo ni qué temo?
Nada a mi valor impida.

Salen LEONELO, OTAVIO *y el* DUQUE.

ENRIQUE A tus pies estoy; llamado
de ti, a servirte he venido.

DUQUE Es verdad, que yo he querido,
Enrique, de un gran cuidado
con vos a solas hablar.

ENRIQUE ¡Cuidado, y conmigo!

DUQUE Sí,
y tan extraño.

ENRIQUE [*aparte*]
¡Ay de mí!

DUQUE Que si le llego a pensar,
decirle, Enrique, no puedo,
bien que le puedo sentir
ni vos le podréis ya oír

o sin asombro o sin miedo;
y así, previniendo el pecho
de que me habéis de escuchar
un suceso singular,
oíd.

ENRIQUE — Mil cosas sospecho,
y ya, aunque mal, las resisto.

DUQUE — Pues de una vez las publique.
Yo he visto a Astolfo, yo,
[Enrique.

ENRIQUE — ¿Qué decís?

DUQUE — Que yo le he visto.

ENRIQUE [*ap.*] (¿Esta fue [¡Ay Cielos! ¿Qué haré?]
la ausencia, Astolfo, que hiciste?)
¿Dónde fue donde le viste?

DUQUE — En casa de Julia fue,
donde cada noche va;
que desde la que le vi,
ninguna falta de allí
y toda Sajonia está
llena desto; que si vos
no lo sabéis, habrá sido
porque a vos nadie ha querido
decirlo.

ENRIQUE — ¡Válgame Dios!
[*ap.*] Mas ¿qué me acobarda tanto?
Todo mi delito fue
que dar vida procuré
a un hijo. Pues ¿qué me espanto,
si el estilo y el secreto
con que lo dispuse, ha sido
haber guardado y tenido
temor al duque y respeto?

Pues siendo así, ¿qué me admira
su enojo? Lo mejor es
decir, echado a sus pies,
la verdad desta mentira.)
Grande es el pesar, señor,
y tan grande, que no sé
qué disculpa, ¡ay de mí!, os dé
que os pueda sonar mejor
que la verdad. Padre soy
y vasallo vuestro; así
como todo procedí
entre los dos; mas ya estoy
a vuestros pies.

DUQUE — No me espanto
que esos extremos hagáis,
si a hablar en esto llegáis.

ENRIQUE — Pues si no os espanta el llanto,
muévaos también, y el perdón
de Astolfo, para que tenga
quietud, de esas manos venga.

DUQUE — Sólo con esa ocasión,
Enrique, os envié a llamar,
porque su quietud deseo.

ENRIQUE — Dame tus pies, que bien creo
de ti un bien tan singular.

DUQUE — Y así, para que proceda
hoy cuerda y piadosamente
como príncipe prudente,
decidme vos en qué pueda
mostrar mi piedad. ¿Dejó
deudas Astolfo? ¿Ha tenido
obligaciones, que ha sido
de restitución? Que yo
a todo quiero salir:

todas las quiero pagar,
porque vaya a descansar.

ENRIQUE [*ap.*] ¿Qué es esto que llego a oír?
De un recelo a otro más grave
discurro. Pues habla así,
sólo sabe que anda allí;
pero que vive no sabe.
Pues quédese tan secreto
como estaba mi cuidado;
que ya, de todo avisado,
enmendarlo me prometo
segunda vez, si es que alguna
consejo admite el amor.

DUQUE ¿Qué decís?

ENRIQUE Digo, señor,
que es infeliz mi fortuna;
pero ya que generoso
su quietud solicitáis,
ved que palabra me dais,
como príncipe piadoso,
de hacer prudente y discreto
cuanto a ella convenga hoy.

DUQUE Una y mil veces la doy.

ENRIQUE Una y mil veces la aceto.

DUQUE Quietud, descanso y perdón
tendrá Astolfo. Decid, ¿qué
he de hacer?

ENRIQUE Yo os lo diré
en llegando la ocasión;
que la quiero examinar,
por no embarazaros, no,

sino sólo en lo que yo
no pudiere remediar.

Vase.

LEONELO

No sé si lo has acertado,
señor en haber creído
tan fácilmente una sombra,
tan vanamente un delirio,
que te obligue a que des parte
a Enrique; pues yo imagino
que de sola una ilusión
este escándalo ha nacido.

DUQUE

¡Oh, qué necio estás, Leonelo.
Si es verdad que yo le he visto,
si es verdad que los criados
de Julia dicen lo mismo;
porque desde aquella noche
del espanto, repetido
todas las noches, le ven
venir a aquel proprio sitio,
¿cómo es posible que sea
ilusión?

Sale CANDIL.

CANDIL

Y yo testigo,
que a la primera pregunta
de las generales, digo
que no me tocan, por cuanto
ni soy muerto ni lo he sido,
ni quisiera jamás serlo.
Y a la segunda confirmo,
que vi a Astolfo ocularmente,
cuando dicho Astolfo vino
al dicho jardín, que estaba
la dicha Julia, y el dicho

Candil lo firmó, so cargo
del juramento que fizo.

DUQUE ¡Oh necio! Con tus frialdades
¡a qué mal tiempo has venido!

CANDIL Siempre vengo yo a mal tiempo,
pues ha tanto que te sirvo
de «parlier», y nunca medro.

DUQUE Prosigue, pues.

CANDIL Ya prosigo,
que en materia de fantasmas
nada en mi vida he creído,
y para no serlo ésta,
escucha un discurso mío.
Todas las noches que viene
aquesta sombra o vestiglo,
dicen que Julia al jardín
baja, habiendo recogido
su casa, donde hasta el alba
está; que aquesto he sabido
de Porcia y de otros que están
en su casa a tu servicio.
Pues, ¿cómo es, señor, posible
que el amor haya rompido
al más femenil temor
las prisiones y los grillos,
tanto que hable una mujer
con un muerto? Doy que ha habido
muertos que pidan sufragios:
¿es de sufragios camino
irse a parlar con su dama
un muerto enamoradizo?
¡Vive Dios, que aquí hay engaño!

DUQUE Bien a tus razones rindo
la razón; pero no puedo
los ojos con que le he visto.

LEONELO
Pues doy que vino a buscarte.
¿Cómo solamente vino
al jardín, y no a palacio?
Que si por el homicidio
te asombrara, él estuviera
en cualquier parte contigo.

DUQUE
No, sino porque allí es donde
repetir quise el delito,
y allí se me apareció.

LEONELO
Y las noches que ha venido
sin que el delito repitas,
¿a qué vino? Yo te digo
que si tú a Julia tuvieras
fuera de su jardín mismo,
que nunca el muerto viniera.

DUQUE
Ya que estás tan discursivo,
deste horror que miran todos,
¿qué imaginas?

LEONELO
Imagino
que, por ponerte pavor,
Julia este asombro ha fingido
dentro, señor, de su casa;
pues con esto ha conseguido
que tú la dejes en ella.
Y si no, haz que escondido
me tenga en el jardín Porcia;
que yo solo a entrar me obligo
a averiguarlo; y haz tú
que en aqueste tiempo mismo
falte Julia del jardín;
verás si es cierto o fingido;
pues ni él vendrá, si ella falta,
ni irá donde yo hubiere ido.

DUQUE
Yo puedo formar discursos;

pero no temer peligros;
y viendo tú que es engaño
en mi ofensa concebido,
nadie le ha de examinar,
Leonelo, sino yo mismo.
Ve tú a Porcia, y dile a Porcia
(*A* CANDIL.)
que del jardín el postigo
me tenga abierto a la noche.

CANDIL ¿Y con quién habláis?

DUQUE Contigo.

CANDIL Yo no puedo entrar en casa
de Julia.

DUQUE ¿Por qué?

CANDIL Reñido
estoy, señor, con un muerto,
por no sé qué que me dijo
le puse en la calavera
estos mandamientos cinco:
jurómela con un hueso,
y temo que haya venido
este muerto, rey de armas,
a aplazarme el desafío.

DUQUE Tú has de hacer lo que te mando.
Yo me quedaré escondido,
y mientras que planta a planta
todo el jardín examino,
los dos me retiraréis
a Julia, a ver si atrevido
desprecia mi amor portentos,
arrastra mi amor prodigios.

OTAVIO Porque lo más importante

no se nos olvide, dinos,
si acaso a Julia sacamos
deste hermoso laberinto,
¿dónde la hemos de llevar?

DUQUE ¿Dónde? A algún jardín vecino
de su casa, porque menos
sea el escándalo y ruido,
y éste será el de Florencio
el de Carlos o Fabricio.

(Vanse todos. Salen LUCRECIA, LAURA *y* CARLOS.*)*

LUCRECIA Mi señor sube, señora.

LAURA ¡Ay de mí!

CARLOS ¡Yo estoy perdido!
¡Que una vez, que me atreví
a verte, haya sucedido
tan mal! ¿Qué haré?

LAURA Retirarte
a aqueste retrete mío.

CARLOS ¡Ay Cielos! ¡Qué juntos andan
la ventura y el peligro!

(Escóndese CARLOS *y sale* ENRIQUE.*)*

ENRIQUE Laura.

LAURA Señor.

ENRIQUE ¿Quién está
aquí?

LAURA Sólo está conmigo
Lucrecia.

ENRIQUE Salte allá fuera.

LUCRECIA [*ap.*] ¡Ay de todos, si le ha visto!

(*Vase* LUCRECIA.)

LAURA [*ap.*] (¡En qué ciega confusión
están todos mis sentidos!
¡Mi padre llorando (ay triste),
cuando Carlos escondido!
Por no morir de cobarde,
a hablarle me determino.)
Señor, ¿qué tristeza es ésta?
¿Tú con dolor repetido
das lágrimas a la tierra,
das a los vientos suspiros?
¿Qué es esto, señor? ¿Qué tienes?

ENRIQUE Tengo penas, tengo un hijo,
y cada uno para un padre
sois cuidados infinitos.
Cuando juzgué que de todos
con Astolfo había salido,
vuelvo a padecer de nuevo
cuidados de padre dignos.

LAURA ¿Qué cuidados?

ENRIQUE Pues ¿no basta
saber, Laura, que escondido...?
Déjame, que hablar no puedo.

LAURA [*ap.*] A declararse conmigo
iba, y al decir que sabe
que Carlos está escondido
le volvió a atajar el llanto.

CARLOS [*ap.*] ¿Qué he de hacer, Cielo benigno?

ENRIQUE En fin, Laura ¿no es bastante
a que amor haya podido
huir en casa de su dama
un traidor, que me ha ofendido
en la vida y el honor?

LAURA [*ap.*] ¡Cielos! ¿Qué escucho?

CARLOS [*ap.*] ¿Qué miro?

LAURA Señor, tu honor siempre está
más que el sol luciente y limpio;
que nadie pudo atreverse
a turbarle el menor viso.

ENRIQUE No está, Laura, pues Astolfo
me pone en tanto peligro.

LAURA ¿Quién, señor?

ENRIQUE Astolfo, que
enamorado ha venido
a la Corte, y en su casa
le tiene Julia escondido,
donde le han visto mil gentes,
y el duque proprio le ha visto.

LAURA [*ap.*] Eso sí, vuelva mi aliento
otra vez al pecho mío.

CARLOS [*ap.*] ¡Gracias, oh Cielo, te doy,
que ya sin temor respiro!

ENRIQUE Aunque es verdad que por muerto
los que le ven le han tenido,
es fuerza desengañarse
de tan ciego desatino.
Y así aquesta noche a hablar
a Julia me determino,

y decir que si le quiere,
que le excuse del peligro;
que restar lo que se ama,
más que fineza, es delirio;
pues quien quiso para el daño,
muy groseramente quiso.

LAURA

Aunque yo no te aconsejo,
lo que me parece digo,
y es que no es, señor, razón
que enojado y ofendido
llegues a hablar a una dama
en cosas de amor tú mismo;
pues la vergüenza podrá
negarte lo que has sabido;
que hay delito que el decirle
más que el hacerle es delito.

ENRIQUE

¿Qué he de hacer? ¿Dejarlo así?

LAURA

Las mujeres nos decimos
más fácilmente a nosotras
todo aquello que sentimos.
Yo iré a visitar a Julia,
y a darle de todo aviso;
que no dudo que ella quiera
más tenerle ausente vivo,
que verle presente muerto
otra vez.

ENRIQUE

Muy bien has dicho.
Ve a visitarla, y sea luego;
pues aunque ya ha anochecido,
no importa ir a aquestas horas;
que será tiempo perdido
todo lo que se dilate:
y yo, Laura, iré contigo
por estar siempre a la mira.

En tanto que yo apercibo
la silla, ponte tú el manto.

Vase.

LAURA
¡De buena habemos salido!

CARLOS
¿Cómo, que era vivo Astolfo,
nunca, Laura, me habías dicho?

LAURA
Porque nunca hubo ocasión.

Sale LUCRECIA.

LUCRECIA
Señor está divertido:
ahora podrás salir.

CARLOS
Adiós.

LAURA
Adiós, dueño mío.

CARLOS
De todo aquesto conviene
ir a dar a Astolfo aviso.

(*Vanse todos y salen* PORCIA *y* CANDIL.)

CANDIL
Porcia, que todo este nombre
no sé cómo cabe en ti,
porque el cuerpo es muy cristiano
para nombre tan gentil.

PORCIA
Candil, tan sin garabato
en el hacer y el decir,
que siendo Candil no eres
de garabato candil:
¿a estas horas a esta casa,
a qué vienes?

CANDIL
Oye.

PORCIA Di.

CANDIL Ya tú sabes que sirviente
soy neutral, como país
de esguizaros, pues estoy
a devoción de cien mil.
A Carlos sirvo, porque
se quiso servir de mí
por Laura, de quien criado
por concomitancia fui;
al duque sirvo por Julia,
u de espía, u de adalid;
y a Julia porque, en efecto
a Astolfo un tiempo serví,
cuando éramos desta casa
él Beltrán y yo el mastín.
Pues siendo así que a los cuatro
servil soy, y siendo así
que en siendo servil un hombre,
ello se dice, es ser vil,
de parte del duque vengo
solamente a te decir
(que es lo mismo que a decirte)
que tengas deste jardín
la puerta abierta esta noche,
porque pretende venir
a examinar el encanto
que le dicen que anda aquí.

PORCIA Pues dile, Candil, al duque
que en cuanto a falsear y abrir
la puerta, que soy criada,
con que te digo que sí.
Pero en cuanto a venir, dile
que es venir a repetir
aquel asombro; porque
desde la noche infeliz
que vimos todos a Astolfo,
a la misma hora, en fin,

todas las demás le vemos
pasear en el jardín.

CANDIL Debe de cenar cazuela
en la otra vida, y así
se pasea en acabando
de cenar. Adiós, que aquí
yo cumplo con avisarte:
tú cumplirás con abrir;
que no quiero a sus cazuelas
echarlas yo el perejil.

JULIA [*dentro*] Porcia.

PORCIA Mi señora llama.

CANDIL Pues yo me voy, porque aquí
no me vea; que no quiero,
pues el duque ha de venir,
que en ningún tiempo presuma,
de veros hablar así,
la malicia.

PORCIA Has dicho bien;
mas no podrás por ahí
irte sin verte.

CANDIL ¿Qué haré?

PORCIA Así podrás...

CANDIL ¿Cómo así?

PORCIA Detrás desta puerta estando,
y volviéndote a salir
en pasando ella.

CANDIL Me place.

Pero ¿dónde va, me di,
esta puerta?

PORCIA Al jardín va,
donde Astolfo ha de venir.

Entra CANDIL, *y ciérrale* PORCIA.

CANDIL [*dentro*] Oye escucha...

PORCIA Desta suerte
hoy me he de vengar de ti,
por los celos que me has dado
con Lucrecia.

Sale JULIA.

JULIA ¿Porcia?

PORCIA Sí.

JULIA Apaga esa luz, que quiero
mis tristezas divertir
en el jardín, pues ya es hora
que Astolfo esté en el jardín.

PORCIA Rehilándome las piernas
están de oírtelo decir.
¿Cómo es posible que tengas
esfuerzo tan varonil,
que, enamorada de un muerto
le vayas a hablar?

JULIA En mí
no hay temor, porque hay amor.

PORCIA Pues en mí, señora, sí,
no hay amor, porque hay temor.
Mas sólo aquesto me di:
¿son cariñosos los muertos?

JULIA [*ap.*] (Como a nadie descubrí
el secreto de la mina,
todos se admiran de mí
y cuanto es ahora espanto,
si se llega a descubrir,
será risa; que así todas
las fantasmas son en fin.)
Vete, Porcia; que yo quedo
bien segura en el jardín
con un muerto, porque vive
con el alma que le di.

Vase.

PORCIA La puerta cierro, dejando
entre puertas a Candil,
y voy por estotro cuarto
la de esotra calle a abrir
al duque. Pero ¿qué veo?
¿Quién en casa se entra así
a visita a aquestas horas?

Entra LAURA *y* ENRIQUE.

LAURA A quien le importa venir
a estas horas, Porcia amiga.

ENRIQUE Porque no me vean a mí
en la calle, Laura, espero.
No tengo que te advertir
ya sabes lo que has de hacer.

Vase ENRIQUE.

PORCIA Señora, ¿tú eres?

LAURA Sí.
¿Adónde está Julia?

PORCIA No
te lo quisiera decir.

LAURA Pues sin que lo digas basta,
dila que yo estoy aquí.

PORCIA Eso es más dificultoso
el decírselo yo; en fin,
en el jardín entró ahora.

LAURA Pues entra tú en el jardín,
y dila que yo la espero:
que la importa mucho, di.

PORCIA No sabes lo que allí anda,
pues quieres que yo ande allí.

LAURA Antes porque lo sé, vengo
a ver a Julia. (¡Ay de mí!)

PORCIA Pues si tú vienes a eso,
mejor es ver y advertir
por lo que vienes, señora.
Entra tú, y déjame a mí.

LAURA Dices bien.
[*ap.*] (Mejor sucede
que yo pude prevenir,
pues no me podrá negar,
si yo llego a verle allí,
la verdad, con que pondré
a tantos temores fin.)
Yo entraré, Porcia.

PORCIA Esta es
la puerta, y aunque de aquí
al cenador hay buen trecho,

Éntrase LAURA.

la hallarás. Voy ahora a abrir
la de esotra calle al duque.
A fe que he de descubrir
de aqueste jardín ahora
lo que hay en este jardín,
hallándose Julia y Laura,
Leonelo, el duque y Candil.

Vase.

Sale JULIA.

JULIA

Flores y estrellas, que hermosas
rayo a rayo competís,
de noche para alumbrar,
[de día para lucir;
pues sois del amor más raro
mudos testigos, decid:
ya que sola el temor deja
la esfera deste jardín,
si aquel venturoso amante,
si aquel joven infeliz,
fénix vuestro, pues le visteis
todas morir y vivir,
me está esperando a que haga
la seña para salir
deste sepulcro, que cubre
una losa de jazmín,
con tan buen arte dispuesta,
que se ha engañado el abril,
creyendo que él le engendró
el sobrepuesto matiz,
que sobre la tierra es cuadro
y sobre el viento es pensil.
Decidme, flores, si oyó
esa muda seña.

Asómase ASTOLFO *por el escotillón.*

ASTOLFO
Sí,
que yo respondo por ellas;
que puesto que las debí
a estas flores alma y voz,
bien, hermoso serafín
destos jardines, por ellas
podré hablar, podré sentir.

JULIA
¡Oh, nunca, señor! ¡Oh, nunca
las cortinas de carmín
corriera la aurora al sol
del pabellón de zafir,
porque nunca hubiera día!
¡Fuera noche para mí
todo el año, pues las sombras
son mi estación más feliz!

ASTOLFO
No dicen, ¡oh dueño hermoso!,
esas finezas que oí,
con los descuidos que veo.

JULIA
¿Qué descuidos?

ASTOLFO
Oye.

JULIA
Di.

ASTOLFO
Yo, Julia hermosa, por verte,
una muerte ya vencida,
tal pesar hice a mi vida,
que la dispuse a otra muerte.
No repito de qué suerte
te vi y te desengañé:
de mi fe milagro fue
que ya a tu deidad consagro,
porque fuese este milagro
de tu deidad y mi fe.
Allí a las lágrimas mías,
que pudieron obligarte,

dijiste que a cualquier parte
del mundo me seguirías.
Pasan noches, pasan días
sin que éste vea llegar.
Si es que pudiste olvidar
verme llorando pedir,
vuelve tú, Julia, a sentir,
que yo volveré a llorar.

JULIA

No importa, ¡ay Astolfo!, no
que en pesar, en rigor tanto,
tú me repitas el llanto,
para que le acuerde yo.
¿Oíste que el Cielo dotó
un peñasco de tan fuerte
seno, que el cristal que vierte,
dando en una peña, es tal
que, apartándose cristal,
luego en piedra se convierte?
Pues éste, cuyos despojos
la experiencia nos enseña,
mi pecho tuvo por peña,
cuando por fuentes, tus ojos;
porque si lloras enojos,
bien de mi llanto sospecho
que en mí el mismo efecto ha hecho
para que dure inmortal,
pues tú le lloras cristal,
y es de diamante en mi pecho.

ASTOLFO

No es, pues no puede durar,
según a mi amor parece,
pues ya el escándalo crece,
y nos le han de averiguar.
Si arrepentido de dar
esta palabra se ve
tu honor, no receles que
yo la palabra te pida;
que muerto toda mi vida,

desta suerte te querré.
Por mí no ha de faltar, no,
mi amor; por ti, Julia, sí;
vénzate el peligro a ti
para que le venza yo.
Si en ti el afecto faltó,
en mí eterno persevera.
¿Quieres ver de qué manera
en los dos un fuego es?
Pues persuádete a que ves
una antorcha y una hoguera
un mismo fuego las prende,
arden las dos en su abismo,
y luego un suspiro mismo
una apaga y otra enciende;
que una antorcha no defiende
lo que defendió una hoguera.
Si breve luz tu amor era,
el mío una llama altiva,
no es mucho que el mío viva
del soplo que el tuyo muera.

JULIA El haberte dilatado
esa palabra, no ha sido
haber tu llama crecido
ni haber la mía expirado;
que como me ha asegurado
el ver al duque tan quieto,
el verte a ti tan secreto,
sin que esta mina se entienda,
no he querido de mi hacienda
atropellar el efeto.

ASTOLFO ¿Luego el duque no ha venido
desde aquella noche?

JULIA No,
ni papel ni criado yo
más de su parte he tenido.

Salen por distintas partes CANDIL *y* LAURA.

LAURA [*ap.*] El jardín he discurrido...

CANDIL [*ap.*] Por todo el jardín he andado...

LAURA [*ap.*] Y a Julia en él no he encontrado.

CANDIL [*ap.*] Y hallar puerta dificulto.

LAURA [*ap.*] Aquí hay gente.

CANDIL [*ap.*] Un negro bulto
viene por esotro lado.

JULIA [*ap.*] Un hombre es este que veo;
informarme dél me importa;
que pues está aquí, sabrá
de Julia, a quien busco absorta.
¿Quién va?

CANDIL [*ap.*] (Sin duda que viene
esta fantasma de ronda.)
Gente de paz.

LAURA ¿Hacia dónde
está Julia?

CANDIL [*ap.*] Cierta cosa,
que ésta es el alma de Astolfo,
pues que de Julia se informa.

LAURA ¿No respondéis?

CANDIL Nunca he sido
respondón a tales horas.

LAURA Oíd...

CANDIL — Tampoco fuí oidor.

LAURA — Mirad...

CANDIL — Ni mirón, señora.

Salen por otra parte el DUQUE *y criados.*

DUQUE — Ya está abierto: entrad, pisando
con plantas tan temerosas
que aún las sombras no nos sientan,
con ir pisando las sombras.

ASTOLFO — [*ap.*] Escucha, Julia.

JULIA — ¿Qué tienes,
que te turba y te alborota?

ASTOLFO — ¡Vive Dios, que en el jardín
por una parte y por otra,
ha entrado gente!

JULIA — ¿Qué esperas?
A aquesa mina te arroja.

ASTOLFO — Yo no me tengo de ir,
dejándote, Julia, sola.

JULIA — No importa que a mí me vean,
y a ti sí..

ASTOLFO — ¿Cómo no importa?
Si es el duque, y si pretende...

JULIA — Mira...

ASTOLFO — Nada me propongas;
que he de esperar, ¡vive Dios!,

con resolución heroica,
cara a cara a la fortuna,
antes que te deje. Toma
por sagrado mis espaldas.

JULIA
Estas ramas y estas hojas
nos oculten, hasta ver
con qué intento se ocasionan.

(Retíranse los dos al paño.)

LAURA
¿No me respondéis?

CANDIL
Dejadme,
fantasma preguntadora.
[*ap.*] ¡Qué diera yo por estar
cautivo en Constantinopla!

DUQUE
A la escasa luz que apenas
nos da esa trémula antorcha,
veo acercarse dos bultos;
y si bien la vista informa
son una mujer y un hombre.
No hay que esperar otra cosa:
del modo que está trazado,
todo al punto se disponga.
Retirad los dos a Julia,
mientras que yo reconozca
al hombre. Ya sabéis dónde
la habéis de llevar.

LEONELO
Ahora
asistirémoste a ti.

DUQUE
Sólo obedecer os toca.
Encanto de este jardín...

(A LAURA.*)*

LAURA [*ap.*] ¡Ay de mí!

ASTOLFO [*ap.*] Julia, oye, y nota.

DUQUE ¡Vive Dios que he de saber
si eres cuerpo o si eres sombra!

CANDIL [*ap.*] Ni soy sombra ni soy cuerpo.

OTAVIO [*ap.*] Lleguemos los dos ahora.

LEONELO Ven tú tras nosotros.

(Cogen los dos a LAURA.*)*

LAURA ¡Cielos
piadosos!...

OTAVIO Ponla en la boca
un lienzo, porque no pueda
dar voces.

DUQUE Muy bien se logra,
pues ya se llevan a Julia.

ASTOLFO [*ap.*] No llevan.

CANDIL A mí me importa
escaparme.

DUQUE No podrás,
aunque en el centro te escondas.

(Huye CANDIL, *y cae en la cueva.)*

CANDIL ¡Ay, que me llevan los diablos,
o se ha errado la tramoya!

DUQUE ¡Válgame el Cielo!

ASTOLFO [*ap.*] En la mina
ha caído una persona.

DUQUE Tragóle la tierra, y puedo
distinguir mal una boca.
¡Hola, traed unas luces!
¿No hay nadie que me responda?
Yo iré por ella, y vendré
a ver qué es lo que me asombra.

Vase el duque.

ASTOLFO Mira si hubiera hecho bien
en dejarte, Julia, sola,
pues aquí hay alguna criada,
que quizás entró curiosa,
presumiendo que eras tú,
de nuestros ojos la roban,
y un hombre ha de descubrir
la mina.

JULIA Estoy temerosa.

ASTOLFO Es fuerza en tanto peligro,
pues si el desengaño tocan,
volverán por ti.

JULIA Yo iré
donde un retrete me esconda.
Vete tú, y cierra tras ti
con esa trampa esa boca,
y al que cayó, con el ruego
haz que el secreto no rompa.

ASTOLFO Yo no tengo de dejarte.

JULIA Pues ¿qué has de hacer?

ASTOLFO Cuando importa

poner en salvo tu vida,
piérdase la hacienda toda.
Vente conmigo.

JULIA ¿Por dónde,
si ya los pasos nos toman?

ASTOLFO Por esta mina.

JULIA ¿Yo?

ASTOLFO Sí.
¡Mal haya acción tan medrosa!
Perdona que las desdichas
no saben de ceremonias.
Ájese todo tu aseo,
tu adorno se descomponga.
Ya vuelve gente, entra apriesa,
y esta violencia perdona,
Julia, porque no hay respeto
adonde hay peligro. Ahora
que yo saqué mis reliquias,
quédese abrasado Troya.

(Entra ella primero, y él tras ella, y se cierra la mina con la trampa.)

Sale, por una parte, ENRIQUE, *y por otra, el* DUQUE, *con una luz.*

DUQUE ¿Quién va? ¿Quién es?

ENRIQUE Yo, señor.

DUQUE ¿Qué buscáis aquí a estas horas?

ENRIQUE Busco el prodigio que buscas,
toco el encanto que tocas.

DUQUE ¿Viste un hombre que en la tierra,

desvaneciendo la sombra,
se escondió, dejando abierta
una gruta temerosa?

ENRIQUE — No, señor: ilusión fue
cuanto de Astolfo pregonas.
[*ap.*] ¡Quién divertirle pudiera!

DUQUE — [*ap.*] Bien de la verdad me informa
ver que nadie a Julia ampara
cuando mis gentes la roban;
y pues que ya en mi poder
está Julia, y mi amor logra
tal engaño y desengaño,
cante el amor la victoria.

(Vase el DUQUE.*)*

ENRIQUE — Ni a Julia ni a Laura veo,
ni en casa quedó persona.
Pues para salir de tantas
penas, de tantas congojas,
buscando a Laura, ¡ay de mí!,
seguir al duque me importa.

Vase.

Sale CARLOS.

CARLOS — Por presto que he venido
a avisar de cuanto hoy me ha sucedido
a Astolfo, habrá pasado
al jardín de su dama enamorado.
Mas ya está en su aposento,
supuesto que ya en él el ruido siento,

(Va a entrar CARLOS, *encuentra a* CANDIL, *y vuelven a salir.)*

Vos seáis bien hallado.

CANDIL Mejor fuera decirme mal llegado.

CARLOS ¡Candil!

CANDIL ¡Señor!

CARLOS De verte aquí me espanto.

CANDIL También me espanto yo, tanto por tanto,
de entrar a este aposento.

CARLOS ¿Cómo, loco, has tenido atrevimiento,
habiendo dicho yo que en él no [entraras,
ni quien estaba en él examinaras?

CANDIL Sólo que ahora me riñas me ha faltado.
Yo, aunque dél he salido, en él no he [entrado,
porque no sé por dónde aquí he venido,
y no sé como he entrado ni salido,
porque en aqueste instante, ¡pena brava!,
en el jardín de Julia, ¡ay Dios!, estaba,
y con trabajo supe aqueste atajo;
porque, en fin, no hay atajo sin trabajo,
pues la vida me cuesta la venida.

CARLOS Y si lo dices, costará otra vida.

CANDIL Yo callaré.

CARLOS [*ap.*] (¿Qué habrá allá sucedido?)
Pero ¿qué ruido es éste que se ha oído?

(Llaman.)

CANDIL A un tiempo a las dos puertas han llamado.

CARLOS ¿Cuál, ¡Cielos!, he de abrir?

¡Estoy turbado!
Pero ésta sea primero,
porque Astolfo, que llame aquí, no quiero,
cuando hay gente de fuera.
A cuanto vieres, calla.
(A CANDIL.*)*

CANDIL ¡Quién pudiera!

(Abre CARLOS *la puerta donde llama* ASTOLFO.*)*

Salen ASTOLFO *y* JULIA.

ASTOLFO ¡Carlos!

CARLOS Astolfo, ¿qué hay? ¿Qué ha sucedido?

ASTOLFO Vengo, amigo, mortal, vengo perdido.
¿Algún hombre, por dicha, aquí ha pasado?

CARLOS Sí, Candil.

ASTOLFO Si era él, perdí un cuidado.

CANDIL [*ap.*] Y yo hallé dos.

ASTOLFO Ahora detenerme
no puedo; que es preciso, ¡ay Dios!, volverme,
por si he dejado mal cerrada acaso
la mina, que a mi vida ha dado paso,
y ver si alguien me sigue,
porque a poner en cobro a Julia obligue.
En tanto que a inquirirlo me resuelvo,
tened a Julia aquí, que luego vuelvo.

Vase.

CANDIL [*ap.*] Ellos, para pasar, sólo imagino
que esperaron que abriera yo el camino.

CARLOS Pues ¿qué es esto, señora?

JULIA Carlos, desdichas mías (¿quién lo
[ignora?)
que mi estrella concierta.

(Llaman dentro.)

Yo... Mas mirad quién llama a aquella puerta.

CARLOS No os receléis de nada.

CANDIL Recelaos de todo.

CARLOS Retirada
estad. ¿Quién ha llamado
así?

(Esconde a JULIA*. Abre* CARLOS *la otra puerta y sale* LEONELO *que trae a* LAURA*, con manto, tapada.)*

LEONELO Carlos, yo soy, con un cuidado
que conmigo os envía
el duque, que de vos no más le fía;
porque habiéndome dicho que trajera
a Julia, a quien robó, donde estuviera
más segura y mejor, mientras que pasa
el ruido; yo he elegido vuestra casa,
entre las que nombró, por ser soltero,
su criado, mi amigo y caballero.
Y mientras a buscarle me resuelvo,
tened a Julia aquí, que luego vuelvo.

CARLOS Oíd...

LEONELO No puedo.

Éntrase.

Sale JULIA *al paño.*

JULIA ¿A Julia, dijo? ¡Cielos!

CANDIL ¿Dos Julias hay?

LAURA [*ap.*] En tantos desconsuelos
no puedo hablar, y aun con temor respiro.

CARLOS [*ap.*] (¡En qué gran confusión, ¡ay Dios!, me
[miro,
a un tiempo de dos Julias entregado!)
Mudo estoy, ciego estoy.

CANDIL Y endemoniado.

CARLOS [*ap.*] (Una de mi amistad Astolfo fía,
otra Leonelo de la lealtad mía;
y cuando con las dos así me veo
la una a mis ojos solamente creo,
que es la que manifiesta su hermosura;
no la que oculta aquella nube oscura;
y viendo así a las dos, bien he creído
que el cuerpo con la sombra me han
[traído;
pues si ésta es Julia, y ésta se lo nombra,
éste es el cuerpo, sí, y ésta es la sombra.)
¿Quién eres tú, que a darme temor vienes?

LAURA Yo, Carlos, soy la que en tu casa tienes.

CARLOS ¿Laura?

LAURA Sí. Si eres noble, eres amante,
socórreme en desdicha semejante;

pues debes a tu fama
en todo trance socorrer tu dama.

JULIA ¿Quién aquélla será? ¡Pierdo el sentido!

LAURA Por yerro, de la casa me han traído
de Julia: hablar no pude, muda estaba.
Lo que has de hacer, de discurrir acaba.

CARLOS [*ap.*] ¡Mal mi pena resisto!
¿Quién en tal confusión jamás se ha visto?
Si a Julia al duque entrego,
a Astolfo la que él mismo me dio niego.
Pues Laura, a quien yo quiero,
no la he de dar, o he de morir primero.

JULIA ¿Qué es lo que estás pensando?

LAURA ¿Qué estás imaginando?

JULIA Con mi esposo he venido,
con él he de volver.

LAURA Mi amante has sido,
contigo he de librarme.

JULIA Al duque tú no puedes entregarme.

LAURA Al duque tú no puedes ofrecerme.

CARLOS ¡Vive Dios, que no sé lo que he de hacerme!

Sale ASTOLFO.

ASTOLFO Carlos, seguro está todo,
ninguno en el jardín anda.

LAURA [*ap.*] ¡Cielos! ¿Este no es mi hermano?
Penas a penas se llaman.

CANDIL [*ap.*] Él desde ésta a la otra vida
va y viene como a su casa.

ASTOLFO Nadie nos sigue. Y pues es
la presteza de importancia,
haznos poner dos caballos:
que antes que amanezca el alba
con Julia he de estar en tierra
del gran César de Alemania;
y Candil ha de ir conmigo.

CANDIL Antes me iré noramala.

ASTOLFO No hay noche, no más segura.
Ven presto.

CARLOS Detente, aguarda,
porque empiezan tus desdichas
en el término que acaban,
y hay nuevos pesares ya
en un instante que faltas.

LAURA ¿Cómo nunca me dijiste
que estaba Astolfo en tu casa?

CARLOS Como nunca hubo ocasión...

ASTOLFO Pues, ¿cómo en decirlo tardas?

CARLOS Criados del duque, al tiempo
que tú llamaste, llamaban
a otra puerta, para un fin
con dos acciones contrarias.
Te fuiste, y entraron ellos
a entregarme aquesta dama,
diciéndome que era Julia,
que la trajeron robada.
No quisieron escucharme,
y sin mirarla a la cara

me hicieron depositario
de otra Julia duplicada.
¿Cómo es posible que yo
de tan gran empeño salga?

ASTOLFO
Con darles la que te dieron,
no estás obligado a nada,
y, pues, yo sólo te pido
la que te entregué, así basta
dar a ellos la que le entregan.
Llore engaños quien se engaña;
mas no los llore quien trajo
desengaños a tu casa.

CARLOS
Bien pensarás que con eso
todas tus desdichas paran.
Yo lo haré; mas considera,
Astolfo, lo que me mandas,
pues por reservar a Julia
quieres que le entregue a Laura.
(Descúbrese LAURA.*)*
Mira ahora si te está bien
que le dé al duque a tu hermana.

ASTOLFO
¡Caiga el Cielo sobre mí,
pues ya la tierra me falta!
Laura, ¡tú aquí!

JULIA
Yo, viniendo
a buscarte, hermano, en casa
de Julia...

(Llaman a la puerta.)

CARLOS
¿Qué hemos de hacer,
porque ya a la puerta llaman?

ASTOLFO
Morir antes que yo entregue,
Carlos, a Julia ni a Laura:

que una hermana, y otra esposa,
son dos mitades del alma,
son dos todos del honor,
y he de defender a entrambas.

CARLOS
¿Qué disculpa he de dar yo,
si aún la que me dan les falta,
y es añadir riesgo a riesgo
defenderlas tú en mi casa?

ASTOLFO
¡Oh cuánto, Carlos, tu vida
aquí las manos me ata!
Pero dime: ¿qué he de hacer
en ocasión tan extraña?

CARLOS
Dejar a Laura, en quien hoy
no está la ofensa tan clara:
pues desengañado el duque,
supuesto que no la ama,
la dejará; y si quisiere,
por tomar de ti venganza,
ofender tu honor, entonces
muramos en la demanda:
de suerte que en esto vamos
a vivir con esperanza,
y en esotro, desde luego,
a morir.

ASTOLFO
¡Qué un lance haya
tal, que es el menor peligro
aventurar una hermana!
Mas cuando bien nos suceda,
damos término a las ansias,
pues de ahora para luego
remitimos la desgracia.

(Escóndense JULIA *y* ASTOLFO.*)*

CANDIL
Yo estoy hecho treinta bobos,
que uno solo no me basta.

(Abre CARLOS *la puerta, y salen el* DUQUE, *y Criados.)*

LEONELO ¿Ves, señor, ves cómo era
todo engaño la fantasma,
pues nadie a Julia defiende?

DUQUE De haberla traído a casa
de Carlos, ¡qué bien hiciste!

CARLOS Yo estoy, señor, a tus plantas.

DUQUE ¿Dónde, Carlos, está Julia?

CARLOS A quien le dan una carta,
dicen que no ha de saber
si está escrita, o si está blanca.
Esta dama me entregaron,
yo pago con esta dama.
Si es Julia o no, no lo sé;
que no osó romper mi fama
la sutil nema del manto,
que la ha cubierto la cara.

DUQUE Ni yo te pregunto más,
pues tú con ésta me pagas.
¡Ya, Julia, de tus rigores
ha llegado la venganza!
¿Dónde está el muerto fingido,
que te defiende y te guarda?

(Descúbrese LAURA.*)*

LAURA Antes que hable más tu alteza,
sepa, señor, con quién habla,
porque no soy Julia yo.

DUQUE ¡Hay confusiones más raras!
Pues, ¿qué nuevo engaño es éste,
Leonelo?

LEONELO Carlos te engaña;
que yo a Julia le entregué,
a quien traje de su casa.
Porque fue amigo de Astolfo,
por esconderla y librarla,
otra mujer ha supuesto.

LAURA No ha supuesto, que yo estaba
en los jardines de Julia.

CARLOS Tu malicia o tu ignorancia
te convenza; pues si dices
que mi amistad eso traza,
dime si fuera amistad,
por reservarle la dama,
Leonelo, a un amigo muerto,
no reservarle la hermana.

LEONELO Sí, pues en ella no hay riesgo,
porque el duque no la ama.
En fin, yo te entregué a Julia,
y tú la escondes y guardas.

OTAVIO Él la esconde, porque yo,
mientras tú al duque buscabas,
guardé la puerta, y ninguno
salió.

DUQUE Pues mirad la casa.

CARLOS Señor, yo...

DUQUE Tu turbación
es la evidencia más clara.

LEONELO Yo entraré a verla.

(Entra.)

CARLOS [*ap.*] ¡Ay de mí!

LAURA [*ap.*] ¡Sin duda que a Astolfo hallan!

CANDIL [*ap.*] ¡Cuál han de salir, si encuentran
adentro con la fantasma!

Sale ENRIQUE.

ENRIQUE [*ap.*] Siempre a la mira del duque,
llena de asombros el alma,
he andado, y no puedo ya
vivir sin ver lo que pasa;
que tengo el alma pendiente
de un hilo, hasta ver a Laura.

LEONELO [*dentro*] ¡Válgame el Cielo!
(*Sale* LEONELO.)

DUQUE ¿Qué es esto?

LEONELO ¡Ay señor! Mi vida ampara.

DUQUE ¿Qué tienes?

LEONELO Julia (¡ay de mí!)
está dentro desta sala.

DUQUE ¿Teniendo a Julia escondida,
(*A* CARLOS.)
tú con esotra me engañas?
Mas ¿qué os asombra?
(*A* LEONELO.)

LEONELO Detente,
no entres, no entres a mirarla;
porque a su lado, señor,
está Astolfo que la guarda.

Verdad es que el Cielo quiere
de ti, señor, ampararla,
pues aquí no puede ser
fingimiento la amenaza.

ENRIQUE [*ap.*] Aquí está Astolfo. ¿Qué haré,
si el duque de verle trata?

DUQUE ¡Vive Dios, que yo he de verlo;
que nada a mí me acobarda!

CARLOS No entres, señor, no examines
secretos que el Cielo guarda.

DUQUE ¿Cómo no, si a mi valor
nada le admira ni espanta?

(Sale ASTOLFO *y* JULIA, *deteniéndole se arrodilla al* DUQUE.*)*

ASTOLFO No me detengas, que ya
no hay que reparar en nada.
Detente, señor, y mira
que, soberbio, al Cielo agravias.

DUQUE Absorto de verte, apenas
puedo ya mover las plantas.
¿Qué me quieres, qué me quieres?

ENRIQUE Que le cumplas la palabra
que me has dado, que es hacer
diligencias con que vaya
perdonado ya de ti.

DUQUE Ya la di, y no he de quebrarla.

ENRIQUE Pues, señor, sabe que yo,
por reservarle a tu saña,
fingí la muerte de Astolfo,
y oculto le tuve en casa.

DUQUE

Aunque ofendido pudiera
quejarme de injurias tantas
como de vuestra osadía
me advierten y desengañan,
valgo yo más que yo mismo.
Del suelo, Astolfo, levanta:
y porque siempre que vea
tu persona, es fuerza que haga
la memoria deste caso
en el semblante mudanza,
con Julia casado quiero
que de mi Corte te vayas.

CARLOS

Yo, que hice por un amigo,
¡oh señor!, finezas tantas,
que para su amor di paso
desde mi casa a su casa,
merezca de ti perdón.

DUQUE

Dándole la mano a Laura.

CANDIL

Yo, que pasé tantos sustos,
no quiero de nadie nada,
sino de los mosqueteros
el perdón de nuestras faltas,
para que con esto fin
démos al *«Galán Fantasma»*.

NOTAS AL TEXTO DE EL GALÁN FANTASMA

5. *cuidado*, aquí equivale a «recelo y temor de lo que puede sobrevenir» *(Aut.)*.

266. *aljófar*, se tenía por cierta clase de perlas menudas. Ya *Aut.* muestra cómo era un tópico poético cuando dice: «regularmente los poetas llaman así a las lágrimas y a los dientes de las damas».

383. *Huelfo y Gebelino*, se hizo proverbial la lucha entre las dos familias políticas italianas durante el siglo XIII, y por extensión se hizo de güelfos y gibelinos símbolo de la oposición irreconciliable entre dos bandos cualesquiera.

391. *inficionando*. *Inficionar*, además de su sentido literal de «contagiar», tenía frecuentemente el sentido moral de «imbuir de malas opiniones, o malas doctrinas, o inducir a mal» *(Aut.)*.

459. *guardas* se utilizaba como femenino, con el artículo correspondiente de ese mismo género.

610. *rejalgar* es un mineral venenoso, compuesto de arsénico y azufre.

650. «fidus Achates», expresión latina que literalmente significa «fiel Acates» y se refiere al amigo y compañero fiel de Eneas, así caracterizado en *La Eneida* de Virgilio.

651. *Vellido*, se refiere sin duda a Vellido Adolfo o Dolfos (como se le llama en el Romancero), caballero que se hizo famoso por haber dado muerte traidoramente al rey Sancho de Castilla en el sitio de Zamora (1072). Su nombre ha quedado como sinónimo de traidor por antonomasia.

717. *campo de Agramante.* El asedio de París por el rey moro Agramante, narrado en el Canto XXVII del *Orlando furioso* de Ariosto, dio lugar a unas disensiones tales en el campo de este rey, que la frase «campo de Agramante» ha quedado como proverbial para indicar toda pelea o disputa caótica y desorganizada. Las disensiones del campo de Agramante fueron debidas al ruego que hizo Carlomagno a San Miguel para que hiciese intervenir a la Discordia y así evitar el asedio de sus enemigos. «Campo de Agramante» y Discordia, pues, se hicieron sinónimos, y como tales fueron utilizados en la literatura del siglo XVII español.

755. Alude al conocido mito de Apolo y Dafne. Esta última era una ninfa a quien Apolo, enamorado, perseguía; cuando éste consiguió alcanzarla consiguió transformarse en laurel para huir de su abrazo. Fue un tema muy tratado por los poetas, pintores y artistas del Renacimiento y el Barroco. Aquí Calderón juega con la idea que identificaba Apolo con el Sol. Así el rey de las estrellas (el Sol o Apolo), siendo su dueño soberano, al quejarse de éstas, puso en evidencia que amor no vivía en ellas, pues no le fueron propicias en sus pretensiones amorosas.

839. *trazas.* Además del sentido general de «proyecto» o «plan», tenía el valor de «ingenio» o «artimaña» para conseguir un objetivo. El mismo Calderón utilizó este significado para el título de una comedia *Hombre pobre todo es trazas*, una de sus primeras obras, ya que data de 1628. Ese mismo título es en realidad un conocido refrán que como indica *Aut.* «enseña que la pobreza por lo común es ingeniosa, aplicándose a buscar y poner en práctica todos aquellos medios que discurre posibles para su alivio».

912. En el lenguaje de los poetas se hizo proverbial el Etna como símbolo de la pasión incontenible o de la fuerza avasalladora. El

propio Calderón utilizó frecuentemente esta imagen para la expresión de diferentes estados anímicos, en una buena parte de sus comedias.

990. Tradicionalmente la encina fue símbolo de fuerza. Era un árbol consagrado a Júpiter y también se dice que de la encina estaba formada la maza de Hércules. Por el contrario, la caña siempre significó la humildad, pero por su flexibilidad pronto significó también la sabiduría. Así ocurría en Oriente, y de la misma forma llegó a tener un valor semejante para los cristianos a partir de la burlesca coronación de Cristo por los judíos.

1148. «ad perpetuam rei memoriam», literalmente «para eterno recuerdo del asunto». Candil es un gracioso «culto» que gusta de citas latinas como ésta y otras, y de impertinentes citas históricas, como las que siguen.

1155. «romanas de la legua», probable transposición de la frase «cómico de la legua» (el itinerante, que va representado de pueblo en pueblo) a «romana» (por referencia a las famosas romanas Porcia y Lucrecia, que en la comedia son personajes vulgares). La expresión equivale, por tanto, a «romanas del camino» o algo semejante.

1158-9. Referencia paródica a los conocidos personajes antiguos: Porcia, mujer de Bruto, el famoso procónsul que en compañía de otros conjurados dio muerte a Julio César; Lucrecia fue una patricia romana, violada por Sexto Tarquino, hijo de Tarquino el Soberbio, la cual, después de narrar la violación de la que fue víctima, se quitó la vida. Su historia la contó Tito Livio. Modernamente Shakespeare compuso un poema sobre *La violación de Lucrecia* (1594) y Rojas Zorrilla una tragedia titulada *Lucrecia y Tarquino*, editada recientemente por Raymond R. MacCurdy (1963). Moreto compuso un *Baile* sobre el mismo tema, igualmente editado por MacCurdy.

1171. *hidra.* Se refiere al monstruo fabuloso que habitaba en el lago de Lerna (del Infierno) y que poseía muchas cabezas, de manera que si se le cortaba una, le renacía otra, como sucedió cuando Hércules luchó con ella. Se tomó luego como nombre común para designar, en sentido figurado, alguna cualidad moral monstruosa en su intensidad o carácter.

1206. *sofistería.* Según *Aut.*: «La apariencia o ficción sutil de algunas razones, persuasiones o cláusulas».

1215. Aunque Ovidio en sus *Remedios de amor* indica múltiples soluciones para librarse de esta pasión (entre las que señala diferentes actividades e incluso determinados alimentos) todas ellas se reducen, como dice Calderón, a una exclusiva y firme determinación: proponerse vencerlo. De esta idea el propio dramaturgo extrajo asunto para una comedia titulada precisamente *Para vencer amor, querer vencerle*, que es sin duda una de sus obras más sugestivas en este género.

1225. Ya en los himnos homéricos aparece el carro del Sol, que también será motivo en diversos mitos, por ejemplo en el de Faetón.

1282-3. Cupido o Amor nació de Marte y Venus, dioses de la guerra y del amor respectivamente. De la propia Venus se dijo que nació de la espuma del mar. También cuenta la tradición mitológica que Júpiter hizo casar a Venus con Vulcano el dios deforme físicamente por haber sido precipitado desde el cielo a la isla de Lemnos por su propio padre. En cualquier caso, proceda Amor de cualquiera de estas dos uniones (para Séneca, por ejemplo, procede de la última), está clara la identificación paterna con la *sombra* que le atribuye Calderón. Por otra parte, algunos tratadistas antiguos le hacen proceder de la Noche.

1369. *fénix* era un ave fabulosa que se consideraba de vida eterna, pues de tiempo en tiempo se consumía en una hoguera y renacía siempre de sus propias cenizas. Pellicer en el Siglo de Oro escribió un tratado muy erudito sobre este asunto (*La Fénix*, 1627).

1443. *me lucrecie.* El conjugar humorísticamente el nombre de persona es un recurso frecuente en Calderón, fundamentalmente colocado en boca de los graciosos. Recuérdese por ejemplo el «segismundasteis» de Clarín en *La vida es sueño* (Vid. ed. de E. Rull, Madrid, Alhambra, 1980, v. 2273, p. 227, sobre todo la nota correspondiente donde damos otros ejemplos de Calderón y Moreto).

1475. *perico*, «Especie de tocado que se usaba antiguamente, que se hacía de pelo postizo y adornaba la parte delantera de la cabeza» *(Aut.)*.

1604. *céfiro*, viento del poniente que sopla con suavidad.

1734. *La dama duende*, alude a su propia comedia, escrita años antes (en el 1629).

1958-61. Alude al ave Fénix (Vid. nota al v. 1369).

1998. Austro, Cierzo y Noto eran vientos de la mitología antigua. El Austro era del Mediodía y se le tenía por hijo de Eolo. Era un viento muy cálido. El Cierzo era un viento del septentrión, frío y seco. El Noto era un viento del sur, cálido, y asimilado a veces al Austro.

2273. *rey de armas*, título de dignidad y honor que los antiguos reyes daban a algunos caballeros.

2407. *garabato*, se refiere al asa o garabato del candil. *Tener garabato* es tener cierto garbo y gentileza para atraer. Se usaba principalmente para las mujeres. El propio Calderón en *Mañana será otro día* dice:

> En fin, es una buscona,
> cuyo gran desembarazo,
> bien puede ser que sea feo,
> pero tiene garabato.
> (Ed. Valbuena Briones, Aguilar, t. II,
> jornada III, p. 791).

2483. *Rehilar*, era «moverse alguna cosa como temblando» *(Aut.)*.

2756. Las alusiones al hecho de la representación misma en el cuerpo textual de la comedia son frecuentes en el teatro de Calderón.

3141. *mosqueteros*, se llamaban así a los hombres que veían las comedias de pie, en el patio de los corrales de teatro, en la época áurea de éste. Eran famosos por su insolencia y grosería para con los representantes de las comedias cuando acaecía algo en ellas que no les gustaba. Por eso Calderón, quizá con cierta sorna, se apresura a solicitar de ellos benevolencia.